전략가의 리더십

역 사 인 물 에 서 배 우 는 리 더 십 의 지 혜

전략가의 리더십

엄광용 지음

나무의 꿈

사람을 아는 것이 전략이다

오래전에 사마천의 『사기(史記)』를 읽고 깊이 감동한 적이 있다. 기원전 시대의 중국인들 이야기이므로 이미 2천여 년 전 일인데, 그 주인공들이 시대를 훌쩍 뛰어넘어 나의 마음을 울려주고 있었다. 좋은 책은 그것을 읽는 사람의 마음을 변화시켜 준다.

이 책은 원래 내가 운영하는 웹진 '사람의 향기(www.aroma books.com)'에 '중국인 리더십'이란 타이틀로 일주일에 1편씩 1년여 간 연재한 것들을 재구성한 것이다. 한마디로 인간 이야기다. 2천여 년 전 인간 이야기인데, 그들의 삶이 결코 지금 우리들의 삶과 비교하여 뒤떨어지지 않는다. 그들의 끈끈한 인간미와 삶의 풍요로움을 느끼게 해주는 지혜들은 현재를 사는 우리들보다 한 수 우위에 있다.

요즘 사람들은 모든 가치를 숫자로 계산하는 버릇이 있다. 사람을 대할 때도 그 사람의 진정성보다는 그 사람이 입고 있는 옷이나 타고 다니는 자동차, 사는 집이나 연봉…… 뭐 그런 시답지 않은 것으로 계산하여 평가를 내리려고 한다. 이는 겉으로 드러난 모습만 가지고 사람을 보려고 하는 아주 잘못된 버릇이다.

리더십은 사람을 다루는 기술이다. 먼저 그 사람의 진면목을 알아야만 사람을 어떻게 다루어야 하는지 알게 된다. 그런데 그 사람의 겉모습만 보고 평가하려는 리더는 제대로 사람을 다루는 데 결국 실패하고 말 것이다.

사람의 모습은 겉으로 드러난 모습과 내면에 감추어진 모습 두 가지로 구분할 수 있다. 빙산의 겉으로 드러난 모습과 물 밑에 가라앉은 모습을 생각해 보면, 사람에게서도 어느 것의 비중이 더 큰지 짐작할 수 있을 것이다. 겉으로 드러난 모습은 작은 것이고 내면에 감추어진 모습은 큰 것이다.

진정한 리더는 큰 것과 작은 것을 구분할 줄 알기 때문에 그 사람의 겉으로 드러난 모습보다 내면에 감추어진 모습을 보려고 노력한다. 사람의 능력은 땅속에 묻혀 있는 금맥과도 같다. 겉으로 드러난 모습은 황폐하기 짝이 없는 야산이지만, 땅속으로 파고 들어가 금맥을 찾으면 그 속에 엄청난 매장량의 금광이 있는 것이다. 사람의 마음속이 이와 같다.

리더는 바로 그러한 사람들의 마음속에서 금맥을 찾아내는 일을 한다. 그 사람의 가능성을 알고, 스스로 그 가능성의 금맥을 찾을 수 있도록 도와주는 것이 바로 리더십인 것이다.

'경영' 하면 사람들은 단순히 손익계산 잘하는 것으로 생각할 수도 있다. 경영인, 즉 리더는 사람을 경영하는 것에 다름 아니다. 일을 하는 사람으로 하여금 열정적으로 불이 타 오르도록 심지에 불을 붙여주고, 부채질을 해주는 것이 리더의 할 일이다. 그렇다면 그 사람의 진정성을 모르고서는 불을 붙여줄 수 없고, 부채질을 할 수 없다.

모든 전략의 기본은 '사람을 아는 것' 이다. 이 책에는 '사람을 어떻게 아는가', 그 방법론이 숨겨져 있다. 옛날 성인들의 이야기에서 지혜를 배워 오늘의 사람들에게 적용하는 리더십, 그것이 이 책을 읽는 사람들에게 주는 작은 선물이 되었으면 하는 바람이다.

2005년 12월

엄 광 용

차례

집중력과 통솔력

이광의 활쏘기는 목표물을 어떻게, 어떤 정신으로 겨냥해야 한다는 것을 암시적으로 전달해 주고 있다. 집중력의 힘은 화살로 바위를 뚫을 수 있을 만큼 큰 것이다. 물리적으로 이해가 되지 않는 일이지만, 정신의 힘이 그만큼 강하다는 것을 증명해 주는 일화다.

*

일단 어떤 목표가 정해지면 모든 열정을 바쳐 그것을 성공으로 이끌기 위해 노력해야 한다. 인생은 끊임없는 목표 달성의 연속이다. 작은 목표를 달성하고 나면 눈앞에 그보다 더 큰 목표가 나타나게 되고, 그 목표를 달성하면 또 다른 목표가 대기하고 있다. 어쩌면 인생은 산 너머에 산이 있고, 그 산 너머에 또 산이 떡 하니 버티고 있는 등산의 여정과도 같은 것이다.

등산을 하는 사람들은 '다만 산이 거기 있기 때문에' 땀을 흘려 오른다고 한다. 이와 마찬가지로 기업을 하는 사람들도 '자기가 세운 목표를 달성하기 위해' 열심히 일을 한다. 작은 기업가는 '돈벌이'에 목적을 두지만 큰 기업가는 '성취감'에 목적을 둔다. 목표를 달성하면 성취감은 물론 돈도 저절로 들어오게 되어 있기 때문이다.

성취감은 어떤 목표를 향해 진행하는 과정에 따라 그 만족도가 다르게 나타난다. 평탄한 길을 걷는 것은 가파른 언덕길보다 쉽긴 하지만, 그만큼 성취감은 덜하다. 그러나 온갖 위험과 장애물을 통과해 목적지에 도달하게 되면 그 성취감은 몇 배의 쾌감을 안겨다 준다.

최고의 성취감을 느끼기 위해서는 집중력을 가지고 목표를 공략해야 한다. 집중력은 자신의 모든 힘을 한곳으로 모으는 일이다. 육체와 정신을 한데 모아 목표물을 겨냥하는 것이다.

중국 한(漢)나라 무제(武帝) 때의 명장 이광(李廣)은 활쏘기의 명수였다. 그는 키가 크고 팔이 원숭이처럼 길었다. 긴 팔은 활을 잡아당기기에 용이하였으며, 활이 나가는 속력이나 위력 또한 그만큼 클 수밖에 없었다.

명궁으로 알려진 이광은 활을 쏠 때 적이 수십 보의 사정거리 안으로 접근하지 않으면 절대 활을 당기지 않았다. 그는 적을 최대한 사정거리 안으로 유인한 후 단 하나의 화살로 명중시켰다. 백발백중의 활 솜씨는 바로 명중시킬 수 있는 정확한 거리에서 명확하게 목표물을 조준하기 때문에 가능한 것이었다.

이광이 상군 태수로 있을 때의 일이었다. 어느 날 그는 1백여 기의 군사를 이끌고 가다가 수천 명의 흉노 병사들을 만났다. 중과부적임을 느낀 한나라 군사들은 겁을 잔뜩 집어먹은 채 달아나려고 하였다.

그때 이광이 말하였다.

"우리는 지금 대군과 수십 리나 떨어져 있다. 이런 상황에서 1백여 기로 달아난다면, 저들 수천의 흉노군이 추격하여 우리 모두 몰살당하고 말 것이다. 그러나 우리가 태연을 가장하여 여기 머물고 있으면, 저들은 대군이 바로 뒤에 있으면서 적을 끌어들이기 위한 술책으로 우리가 여기 나와 있다고 생각하고 함부로 접근하지 못할 것이다."

이광은 군사들로 하여금 더 앞으로 나가게 하여 흉노 군대에서 2리 가량 떨어진 곳에 일단 머물게 한 뒤, 모두 말안장을 풀어놓고 휴식을 취하게 하였다.

과연 이광의 말대로 수천에 달하는 흉노 병사들은 불과 1백여

기밖에 안 되는 한나라 군사들을 함부로 공격하지 못하였다. 그 대신 이쪽의 동태를 파악하기 위하여 흉노의 장수 하나가 백마를 타고 수십 기의 병사를 거느린 채 가까이 와서 자주 기웃거렸다.

그때 이광은 풀어놓았던 말안장을 다시 얹은 다음 활을 들고 말 위에 올라탔다. 그리고 쏜살같이 달려가 백마를 탄 적의 장수를 사살하고 다시 돌아와 태연하게 말안장을 풀었다.

말안장을 푼 채 남아 있던 한나라 군사들은 장군 이광의 용기에 모두 감탄하였다.

백마를 탄 장수를 잃었는데도 수천에 달하는 흉노의 부대는 꼼짝도 하지 않은 채 이쪽의 동태를 살피기에 여념이 없었다. 그들은 이광과 그의 부하들이 말안장을 풀어놓고 면전에서 휴식을 취하는 것을 보고, 반드시 그 뒤에 대부대의 복병이 숨어 있을 것이라고 생각을 굳혔던 것이다. 그리고 밤이 되자 군대를 거두어 물러가 버렸다.

또 한 가지 일화가 있다. 이광이 어느 날 혼자 길을 가다가 풀숲에 엎드려 있는 호랑이를 보고 화살을 날렸다. 화살은 정통으로 목표물을 맞혔다. 달려가 보니 그것은 호랑이가 아니라 모양이 마치 호랑이처럼 생긴 바위였다. 그런데 그 단단한 바위에 화살은 깊이 꽂혀 있었다.

이광은 다시 물러서서 그 바위를 향해 화살을 쏘았다. 그러나 이번에는 화살이 바위에 맞고 튕겨져 나왔다. 이때 그는 집중력이야말로 대단한 힘을 가지고 있다는 사실을 깨달았다. 첫 번에 쏜 화살은 호랑이가 바로 덤벼들 것이란 두려움 때문에 반드시 한 방에 거꾸러뜨리려는 집념을 가지고 쏘았기 때문에 바위에 화살이 박힐 수 있었다. 그러나 두 번째는 호랑이가 아니라 바위라는 사실을 알고 쏘았기 때문에 그만큼 정신을 집중시키는 힘이 부족하여 화살이 팅겨져 나온 것이었다.

이 같은 이광의 활쏘기는 목표물을 어떻게, 어떤 정신으로 겨냥해야 한다는 것을 암시적으로 전달해 주고 있다. 집중력의 힘은 화살로 바위를 뚫을 수 있을 만큼 큰 것이다. 물리적으로 이해가 되지 않는 일이지만, 정신의 힘이 그만큼 강하다는 것을 증명해 주는 일화가 아닐 수 없다.

개개인의 집중력이 한데 모아지면 소수의 병력을 가지고도 당당하게 대군을 상대할 수 있다. 소수정예의 작은 기업이 큰 기업과 대등한 경쟁을 할 수 있는 비결은 바로 이와 같은 집중력의 결집에 있는 것이다.

한 사람의 집중력은 화살로 바위를 뚫고, 여러 사람의 마음을 한데 모으는 통솔력은 태산을 무너뜨린다. 집중력이 강한 사람은 여러 사람의 마음을 한데 모으는 비법을 알고 있다. 적은 병력으로 많은 흉노병을 물리친 한나라 명장 이광의 통솔력에서 리더십의 진수를 배울 수 있다.

믿었으면 맡겨라

대장부는 자기를 알아주는 이를 위하여 스스로 죽고,

여자는 자기를 좋아하는 사람을 위하여 얼굴을 다듬는다.

이 세상에서 오직 나를 알아준 사람, 그를 위하여 원수를 갚고 죽으리라.

그렇게 하여 은혜에 보답한다면, 죽어서 내 영혼이 부끄럽지 않을 것이다.

*

사람과 사람 사이에는 믿음이 아주 중요하다. 그것은 신뢰를 바탕으로 하고 있다. 의리는 바로 그 신뢰의 땅에 굳건한 뿌리를 내리고 있는 것이다.

'믿었으면 맡겨라!'

이것은 '용인술(用人術)'의 가장 기본이 되는 원칙이다. 유능한 리더는 인재를 알아볼 줄 알고, 일단 자기 수하로 들어온 사람이면 그에게 모든 것을 믿고 맡긴다.

중국 진(晉)나라 때 '의리의 사나이'로 널리 이름이 알려진 예양(豫讓)은 심지가 굳은 인물이었다. 한때 범씨(范氏)와 중행씨(中行氏)를 섬겼는데, 그 주인들은 그를 알아주지 않았다.

예양은 다시 지백(智伯)을 섬기게 되었는데, 주인은 그를 아주 소중하게 생각하였다. 그의 능력을 믿고 일을 맡겼으며, 일단 일을 맡긴 후에는 간섭을 하거나 의심하지 않았다. 그리고 늘 가까이 불러 칭찬과 위로의 말을 아끼지 않았기 때문에 그는 마음속으로 주인을 지성껏 섬기겠다고 결심하였다.

그런데 진나라에서는 경(卿)들끼리의 권력 다툼으로 인하여 싸움이 일어났다. 지백이 먼저 조양자(趙襄子)를 쳤는데, 조양자는 한강자(韓康子)와 위환자(魏桓子)의 세력과 힘을 모아 지백의 세력을 일망타진하였다.

세 사람은 지백의 자손들까지 멸문(滅門)을 시킨 뒤, 그 영토를

삼분하였다. 이들은 후에 각 성씨로 독립하여 삼진(三晉), 즉 조(趙)·한(韓)·위(魏)로 분리되었다.

아무튼 지백의 집안은 풍비박산이 났으며, 그를 주인으로 모시던 예양은 산중으로 도망쳐 숨어서 살았다.

그 무렵 조양자는 지백의 집안을 완전히 박살내고 나서도 분이 풀리지 않았다. 그래서 지백의 두개골에 옻칠을 하여, 그것을 술잔으로 사용하였다.

산중에 숨어서 그 소문을 들은 예양은 이를 갈며 탄식하였다.

"아아, 대장부는 자기를 알아주는 이를 위하여 스스로 죽고, 여자는 자기를 좋아하는 사람을 위하여 얼굴을 다듬는다고 하는데…… 이제 나는 어찌하면 좋단 말인가. 이 세상에서 오직 나를 알아준 사람은 지백, 바로 그 어른뿐이다. 내 반드시 그를 위하여 원수를 갚고 죽으리라. 그렇게 하여 은혜에 보답한다면, 죽어서 내 영혼이 부끄럽지 않을 것이다."

이렇게 결심한 예양은 산중에서 내려와 성씨를 바꾸고 조나라 왕이 된 조양자의 궁궐에 잠입하였다. 죄수로 가장한 그는 조양자가 기거하는 전각에서 뒷간의 벽을 바르는 일을 맡았다.

어느 날 조양자가 뒷간을 가는데 이상하게 심장이 두근거렸다. 그는 뒷간의 벽을 바르던 죄수를 잡아다 심문케 하였다. 그의 품에서는 비수가 나왔다.

"그대는 누구를 해치려 하는가?"

조양자가 물었다.

"나는 지백을 주인으로 모시던 예양이다. 우리 주인의 원수를 갚고자 한다.”

그러자 좌우에 둘러섰던 조양자의 졸개들이 칼을 빼어 예양을 죽이려 하였다.

“잠깐!”

조양자는 졸개들의 행동을 저지시켰다.

“이 자는 위험합니다. 살려두면 후환이 염려됩니다.”

“아니다. 이 자는 의로운 사람이다. 내가 조심하여 이 자를 피하면 된다. 지백은 이미 멸망하고 그 자손들도 없는데, 이 사람은 가신으로 주인을 위하여 원수를 갚고자 하니 천하의 현인이다.”

조양자는 곧 예양을 석방하였다.

그로부터 얼마 후 예양은 온몸에 옻을 발라 문둥이처럼 꾸미고, 입에는 숯을 머금어 벙어리 행세를 하면서 저자거리를 떠돌아다녔다. 이처럼 거지꼴을 하고 다니니 그 누구도 알아보지 못하였다. 심지어는 같이 사는 아내조차 남편을 몰라보았다.

어느 날 예양은 조양자가 지나다니는 다리 밑에 숨어 있었다. 마침 조양자가 말을 타고 그 다리를 건너는데, 문득 말이 놀라 뒤뚱거렸다.

“이것은 필시 예양이다!”

조양자는 다리 밑을 살펴보지 않고도 직감으로 위기를 알아차렸다. 그는 곧 졸개들을 시켜 다리 밑에 숨어 있는 자를 붙잡아오게 하였다. 조사해 보니 그는 틀림없는 예양이었다.

조양자는 예양에게 꾸짖어 말하였다.

“그대는 일찍이 범씨와 중행씨를 섬기지 않았는가? 그때 지백이 그들을 죄다 멸망시켰는데도, 그대는 옛주인인 범씨와 중행씨를 위하여 원수를 갚기는커녕 도리어 배반하고 지백의 가신이 되었다. 그 지백은 이미 죽었다. 그런데도 그대는 어찌 그를 위하여 원수를 갚겠다고 이렇게 죽기로 노력을 하는가?”

예양이 말하였다.

“제가 범씨와 중행씨를 섬긴 것은 사실입니다. 그들은 여섯 사람 중의 한 사람으로 저를 대하였습니다. 그러므로 저는 그들에게 여러 사람으로서 보답하였을 뿐입니다. 그러나 지백공께서는 저를 국사(國士)로서 대우하였습니다. 그러므로 저는 국사로서 그분에게 보답하는 것입니다.”

조양자는 탄식하며 말하였다.

“아아, 예양이여! 그대는 지백을 위하여 충절을 다함으로써 명예를 얻었다. 그리고 과인이 그대를 놓아주는 일 또한 할 만큼 하였다. 이제 과인도 더 이상 어쩔 수가 없구나. 그대를 다시는 놓아주지 않을 것이다.”

조양자는 졸개들을 시켜 예양의 목을 베도록 하였다.

그러자 예양이 마지막 소원을 말하였다.

“명군(明君)은 남의 아름다운 일을 덮어 가리지 아니하며, 충신은 자기 군주를 위하여 죽는 것을 두려워하지 않는다고 합니다. 예전에 주군께서는 이미 저를 관대하게 용서하여 천하의 사람들로부터 현군(賢君)이란 칭송을 받았습니다. 이제 저는 죽어 마땅합니다. 그러나 원컨대 주군의 옷을 얻어 벰으로써 원수 갚는 것을 대신하고 싶습니다. 그러면 저는 죽더라도 원한이 없을 것입니다.”

예양의 말에 조양자는 자신의 옷을 가져오도록 하고, 졸개들에게 다음과 같이 명령하였다.

"잠시 포박을 풀고 예양에게 원수를 갚을 수 있도록 칼을 주거라!"

졸개들이 칼을 주자 예양은 조양자의 옷을 세 번 베었다.

"이제 나는 지하에 계신 지백공의 은혜에 보답할 수 있게 되었구나!"

예양은 말을 마치자마자 칼을 거꾸로 잡고 그 위에 엎어져 자결하였다.

이때 조양자는 물론 그 주위에 둘러선 모든 사람이 울었다.

기업에 종사하는 사람들이 회사의 일을 마치 자신의 일처럼 할 때 그 기업은 성공한다. 어떻게 해야 사원들이 그렇게 일할 수 있을까. 오직 하나, 일을 믿고 맡기는 방법밖에 없다. 그러므로 자신이 솔선수범하여 열심히 일을 하기보다는 사원들에게 신바람 나게 일할 수 있도록 의욕을 불어넣어 주는 사람이 진정한 리더다.

소수정예로 승부하라

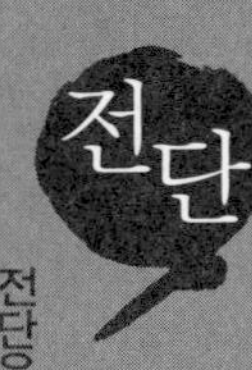

전단은 제나라 군사들의 심리를 잘 알고 있었기 때문에 그들을 소수정예의 군사로 만들 수 있었다. 결코 제나라 군사들이 싸움을 잘해서 연나라 대군을 물리친 것이 아니다. 제나라 군사들의 복수심에 불타오르는 마음의 힘이 그것을 가능케 한 것이다.

실제로 직장인들의 근무 시간을 따져 보면 업무에 열정을 바쳐 일하는 시간은 하루에 몇 시간 안 된다. 사실 하루 일과 중 상당 부분의 시간이 쓸데없는 일에 투자되는 경우가 많다. 업무의 효율성을 기하지 못하기 때문에 오는 시간 낭비다. 여러 사람이 힘을 합치면 빠른 시간에 할 수 있는 일도 각자가 따로따로 비슷한 일을 하느라 업무가 그만큼 중복되고 지연되는 경우가 비일비재하다. 그러다 보니 사원은 사원대로 불만이 쌓이고, 일을 시키는 간부는 간부대로 짜증이 난다.

업무의 효율성을 기하는 일이란 사원들 각자에게 흩어져 있는 힘을 한곳으로 모으는 것에 다름 아니다. 사원들 각자 목표가 다르다면 그 일은 이루어지기 쉽지 않다. 뚜렷한 목표를 설정하고 오직 그 일에 매진하도록 만들기 위해서는 사원들의 마음을 하나로 만들어야 한다.

소수정예는 각자의 실력보다는 우선 마음이 하나로 똘똘 뭉쳐져 있을 때 그 힘을 십분 발휘할 수 있게 된다. 리더는 어떻게 하면 흩어져 있는 사원들 개개인의 마음을 하나로 묶어줄 수 있는가를 연구해야 한다. 따라서 유능한 리더가 되려면 사원들 각자의 마음을 들여다보고, 그것을 오직 한 가지 목표를 향해 움직이게 할 수 있는 능력을 갖추어야 한다.

흩어져 있는 싸리 가지로는 낙엽이 떨어진 마당을 쓸 수 없다. 그 가지들을 주워 모아 싸리비로 묶어서 사용해야 마당이 잘 쓸리는 것이다. 리더는 바로 싸리비를 만드는 사람이다.

중국 제(齊)나라 때의 전단(田單)은 연(燕)나라 장군 악의가 이끄는 대군이 쳐들어오자 자신의 친족들을 이끌고 피난을 갈 때 수레 축의 끝 부분에다 튼튼한 쇳조각을 대었다. 이렇게 하여 돌에 부딪쳐도 깨지지 않고 아무리 빨리 달려도 망가지지 않도록 하였다. 제나라의 다른 사람들에게도 그렇게 하도록 권하였다.

연나라 군대가 추격을 하자 제나라 사람들을 피난을 가기에 바빴다. 전단의 말을 듣지 않은 사람들은 수레의 축이 부서지고 바퀴가 빠져 적군에게 짓밟혀 죽었다.

그러나 전단과 그의 일족은 수레 축에 붙인 쇠붙이 덕분에 무사히 탈출하여 목숨을 구하였다. 전단 일행은 즉묵(卽墨)으로 안전하게 피신하였다.

그런데 연나라 군대가 곧 즉묵으로 들이닥쳤다. 즉묵의 대부(大夫)는 성을 열고 나가 싸우다 전사하였다. 대부가 죽고 나서 그 후임자를 찾을 때 제나라 사람들이 모두 전단을 추천하였다.

"전단은 수레 축에 쇠붙이를 붙여 안전하게 피난을 할 정도로 머리가 좋은 사람이다. 그의 용병술은 능히 즉묵을 지킬 만하다."

전단은 장군이 되어 즉묵의 성을 지켰다.

한편 연나라에서는 소왕(昭王)이 죽고 혜왕(惠王)이 즉위하였다. 전단은 즉시 간첩을 보내 연나라 명장 악의가 연나라를 배반하고 스스로 제나라 왕이 되려 한다는 소문을 퍼뜨렸다.

연나라 혜왕은 악의를 소환토록 하고 대신 기겁(騎劫)을 장군에 임명하였다. 악의는 자신의 목숨이 위태롭다는 것을 눈치채고 조나라로 도망쳤다.

이때를 기다려 전단은 사기가 떨어진 제나라 군사들에게 말했다.

"지금 연나라 군사들은 우리 제나라 군사를 사로잡을 경우 코를 베어서, 그들을 앞세워 성을 공격한다!'

전단의 말에 제나라 군사들은 모두들 떨고 성의 수비를 더욱 굳건히 하였다.

한편 이러한 전단의 말은 연나라 군대에 곧바로 전해져, 그들은 정말 제나라 포로들의 코를 베어 앞세우고 공격을 감행하였다.

성을 지키던 제나라 군사들은 그 모습을 보고 피가 끓어오르는 분노를 느꼈다.

"연나라 군사들이 성 밖에 있는 우리 조상의 무덤을 파내어 욕보인다고 한다. 정말 천인공로 할 놈들이로다!'

전단은 제나라 군사들에게 이렇게 말하고, 한편으로는 간첩을 풀어 '연나라 군사들이 무덤을 파헤쳐 시체를 불태우면 즉묵성이 곧 무너질 것' 이라는 말을 퍼뜨리게 하였다.

연나라 군사들은 곧 그대로 실행하였다. 그러자 조상의 묘를 파헤쳐 시체를 불태우는 모습을 성 안에서 지켜본 제나라 군사들은 눈물을 흘리지 않은 자가 없었다. 분노는 열 배나 더 치밀어 올랐다.

그때서야 전단은 제나라 군사들이 싸움에 임할 태세가 갖추어졌다고 생각하였다.

"이제부터 갑옷 입은 병사들은 성루에 올라가지 말고, 그 대신 노약자와 아녀자들만 올라가라."

이렇게 지시한 후 전단은 사자를 보내 연나라 장군 기겁에게 항복할 것을 청하였다. 또한 다른 사자 한 명을 즉묵성의 부자로 가장시켜 밤을 틈타 은밀히 연나라 장군 막사로 찾아가게 하였다.

부자로 가장한 그 사자는 금은보화를 내놓으며 다음과 같이 말하였다.

"만약 즉묵성이 항복을 하거든 저의 가족들을 포로로 삼지 말아 주십시오."

연나라 장군은 좋아서 입이 찢어졌다.

"그렇게 하겠다."

한편 전단은 성 안에 있는 소 1천여 마리를 모아 비단으로 만든 붉은 옷을 입히고, 그 위에 오색의 용무늬를 그려넣었다. 그리고 소의 뿔에 칼과 창을 묶어 매고, 꼬리에는 기름에 적신 갈대를 다발로 묶어놓았다.

밤이 되었다. 성벽의 수천 곳에 비밀의 문을 뚫어놓고, 전단은 군사들로 하여금 소의 꼬리에 불을 붙이게 하여 소들로 하여금 연나라 진지로 한꺼번에 내닫게 하였다.

꼬리의 기름 적신 갈대에 불이 붙자 소들은 기겁을 하고 앞으로 내달아 연나라 진지를 삽시간에 짓밟아 버렸다. 붉은 옷을 입은 소들을 본 연나라 군사들은 무슨 괴물인가 싶어 놀라 자빠져 소에 밟히고, 다리야 날 살려라 도망가다 소의 뿔에 받쳐 죽는 자가 부지기수였다.

전단은 정예 군사 5천을 선발하여 입에 나무토막을 물어 소리가 나지 않도록 한 후, 소들에게 쫓겨 도망치는 연나라 군사들을 닥치는 대로 베어 넘기게 하였다.

이렇게 한 번 무너진 연나라 군대는 계속 패주를 하여 마침내 제나라 북쪽 변경의 하상(河上)까지 쫓겨갔다. 전단은 그리하여 연나라에게 빼앗겼던 제나라의 70여 개 성을 되찾았다.

민왕에 이어 즉위한 제나라 양왕(襄王)은 전단을 안평군(安平君)에 봉하였다.

전단은 사기가 떨어진 제나라 군사들에게 적군에 대한 분노심을 갖게 하여 힘을 하나로 모았다. 좋은 방법이라 할 수는 없지만 시간을 다투는 전쟁터에서 극약 처방으로서는 '분노심의 촉발' 이야말로 최고의 명약이었던 것이다.

전단은 제나라 군사들의 심리를 잘 알고 있었기 때문에 그들을 소수정예의 군사로 만들 수 있었다. 결코 제나라 군사들이 싸움을 잘해서 연나라 대군을 물리친 것이 아니다. 제나라 군사들의 복수심에 불타오르는 마음의 힘이 그것을 가능케 한 것이다.

이처럼 마음의 힘은 태산도 무너뜨릴 수 있다. 어떻게 하면 사원들의 마음을 한곳으로 집중시킬 수 있는가. 어떻게 하면 사원들 각자의 마음을 열게 할 수 있는가. 그것은 리더가 먼저 자신의 마음을 여는 일이다. 자신의 마음을 사원들에게 보여줄 때, 사원들도 각자의 마음을 연다. 이렇게 사원들의 마음이 열려야 리더는 그 속을 들여다보고, 사원들 전체가 갖고 있는 공통 분모를 찾아낼 수 있다. 그리고 그 공통 분모 속에서 목표를 세워 나가야 사원들의 마음이 하나로 결집된다.

명령 체계를 바로 세워라

손무

손무가 합려에게 시범을 보인 것은 단순히 대장으로 뽑힌 두 미녀를 희생하여 명령 체계를 바로 세우고자 한 것이 아니다. 방법이야 어찌됐든 명령 체계가 그만큼 중요하다는 것을 강조하기 위한 시범이었던 것이다.

 *

기업은 움직이는 집단이다. 움직이지 않으면 곧 쓰러진다. 그런데 그 움직임이 일사불란하지 않고 갈팡질팡한다면 그 기업의 갈 길은 뻔하다.

흔히 기업 경영 전략을 『손자병법』에서 찾기도 하는데, 그것은 바로 기업도 군대처럼 질서를 유지하는 집단이기 때문이다. 명령 체계를 바로 세워야 질서가 유지되고, 순발력 있게 움직이는 군대가 된다. 움직이지 않는 군대는 죽은 군대다. 그래서 군대는 늘 실전에 대비한 훈련을 하고 정신적 단련을 게을리 하지 않는다.

움직이는 기업의 전략을 움직이는 군대의 훈련에서 찾아볼 수 있는 좋은 사례 중에 『손자병법』을 쓴 손무의 일화가 있다.

중국 제일의 병법가로 알려진 손자(孫子)의 이름은 무(武)다. 그는 원래 제(齊)나라 사람이었는데, 오(吳)나라 왕 합려(闔廬)에게도 그의 명성이 잘 알려져 있었다.

손무가 오나라에 갔을 때 합려가 불러 말하였다.

"그대의 병법 13편을 읽어본 적이 있다. 군대를 정돈하는 것을 시범으로 보여줄 수 있겠는가?"

손무가 대답하였다.

"좋습니다."

"여기 있는 궁중의 미녀들을 데리고도 시범이 가능한가?"

합려는 자신의 시중을 드는 미녀들을 가리키며 물었다.

"네, 그렇게 하지요."

손무는 곧 궁중의 미녀 180명을 모이게 하였다. 그는 미녀들을 두 부대로 나누고, 합려가 총애하는 미녀 두 명을 각 부대의 대장으로 삼아 앞에 세웠다. 그리고 미녀들에게는 각기 창을 하나씩 들게 하였다.

"대왕! 우선 저에게 시범을 보일 동안만 임시로 대장군의 직책과, 그 표시로 삼을 수 있는 부월을 내려주십시오."

손무가 말하는 '부월' 이란 '작은 도끼와 큰 도끼' 를 뜻하는데, 왕이 그것을 내리면 정식으로 대장군의 직무를 수행할 수 있게 되는 것이었다. 즉 전쟁터에 나가는 장군에게 왕명에 준하는 모든 권한을 부여하는 상징이 바로 '부월' 이다.

합려는 곧 손무에게 대장군의 직책과 부월을 내려주었다.

"너희들은 가슴과 등, 왼손과 오른손을 아는가?"

손무가 두 부대로 편성된 미녀들에게 물었다.

"네, 그걸 모르는 바보가 어디 있어요?"

미녀들은 손으로 입을 가리며 까르르 웃었다.

"모두들 알고 있다면, 내가 '앞으로' 하고 명령하면 가슴이 있는 방향을 보고, '뒤로' 하면 돌아서서 내게 등 쪽을 보이도록 한다. 그리고 '우로' 하면 오른쪽을, '좌로' 하면 왼쪽을 바라본다. 알겠는가?"

"네."

미녀들이 대답하였다.

손무는 같은 내용을 세 번씩이나 반복하여 들려준 뒤에 북을 쳐서 훈련의 시작을 알렸다.

"우로!"

손무가 명령을 내리자 미녀들은 까르르 웃기만 할 뿐 아무도 그 명령에 따르지 않았다.

"약속이 명백하지 않고, 따라서 군사들이 명령에 잘 따르지 않는 것은 장수의 책임이다."

손무는 다시 명령에 따라 행동하는 방법을 세 번 더 설명하였다. 그리고 나서 북을 치며 명령을 내렸다.

"좌로!"

그러나 이번에도 미녀들은 까르르 웃기만 할 뿐 손무의 명령에 아무도 따르지 않았다.

"군령이 정확하게 전달되었는데도 군사들이 움직이지 않는 것은 대장의 책임이다. 마땅히 군법에 따라 응분의 벌을 받아야 한다."

손무는 부월을 들어 좌우 두 대장의 목을 치려고 하였다.

"잠깐!"

그때 훈련 시범을 구경하던 오나라 왕 합려가 손을 들어 손무의 행동을 저지시켰다.

"아니, 대왕! 왜 그러십니까?"

합려는 자신이 아끼는 두 미녀가 죽을까 봐 심히 걱정이 되었던 것이다.

"그대는 지금 무엇을 하려 하시오?"

"군령을 어겼기 때문에 두 대장의 목을 베려는 것입니다."

다급해진 합려는 다음과 같이 말하였다.

"나는 그대의 용병술이 대단하다는 것을 알았소. 그러니 제발 그 두 미녀를 살려주시오."

"안 됩니다. 저는 이미 대왕의 명령을 받아 대장군의 직분을 맡고 군사들을 훈련시키고 있습니다. 장수가 군영에 있을 때는 왕의 명령이라 하더라도 받지 않을 수가 있는 것입니다."

손무는 말을 마치고 나서 곧바로 대장으로 세운 두 미녀의 목을 도끼로 내리쳤다.

"아니? 저, 저런 법이 있나?"

설마 했던 합려는 깜짝 놀랐다. 그 옆에서 훈련 시범을 지켜보던 신하들도 얼이 나간 표정들이었다. 그러니 직접 훈련에 참여한 미녀들은 두 대장의 죽음을 보고 거의 사색이 되어버렸다.

"자, 다시 훈련을 시작한다!"

손무는 근엄한 목소리로 외쳤다. 그는 다시 미녀 두 사람을 뽑아 대장으로 세운 뒤 훈련을 시켰다. 그의 명령에 따라 미녀 군단은 일사불란하게 움직였다. 미녀들은 왼쪽, 오른쪽, 앞으로, 뒤로, 척척 기계 같은 동작을 보여주었다. 꿇어앉고 일어서는 것이 모두 자로 재고 먹줄을 친 것처럼 정연하였으며, 누구 하나 웃음소리를 내지 않았다.

훈련을 끝내고 손무가 합려에게 보고하였다.

"군사들의 기강이 잡혀 질서 정연해졌습니다. 대왕께서는 시험 삼아 이들에게 명령을 내려보시기 바랍니다. 이제부터 대왕께서 명령만 내리신다면 물이나 불 속으로 뛰어들라 하여도 그대로 할 것입니다."

얼굴이 하얗게 변한 합려는 손무에게 말했다.

"장군은 이제 숙소로 돌아가시오."

그러자 손무가 다시 말하였다.

"알겠습니다. 대왕께서는 한갓 병법에 적힌 말만을 좋아하고, 그것을 실제로 쓰지는 못하십니다."

합려는 비로소 손무의 병법이 뛰어남을 알게 되었다. 그래서 그를 대장군으로 임명하였다.

그후 합려는 서쪽으로 강력한 초(楚)나라를 깨뜨리고, 북쪽으로 제나라와 진나라를 위협하여 그 제후들 사이에 이름을 떨치게 되었다. 이것은 모두 병법에 능한 손무를 기용했기 때문에 가능한 일이었다.

군대가 명령 체계에 따라 움직이듯 기업도 기강이 바로 서야 제대로 굴러간다. 명령 체계가 바로 서지 않은 기업은 순발력을 발휘할 수 없다. 손무가 합려에게 시범을 보인 것은 단순히 대장으로 뽑힌 두 미녀를 희생하여 명령 체계를 바로 세우고자 한 것이 아니다. 방법이야 어찌됐든 명령 체계가 그만큼 중요하다는 것을 강조하기 위한 시범이었던 것이다.

리더는 명령 체계를 바로 세우는 사람이다. 명령 체계가 바로 서야만 리더의 생각과 모든 사원들의 생각이 같아질 수 있으며, 그 마음의 동질성에서 일사불란한 행동력과 강한 파워가 발생되는 것이다.

콘셉트를 바꿔라

손빈

손빈이 마차 경기장에서 전기에게 가르쳐준 방법은 아주 간단한 〈순서 바꾸기〉에 불과하다. 그런데 한 가지 생각에만 얽매어 있는 사람들은 그저 잘 달리는 말 먼저 경기장에 내보내려고 든다.

콘셉트를 바꿔라

이것이 오늘날 리더들에게 던지는 손빈의 주문이다.

✳

흐르는 물은 늘 움직이며, 흐름의 방향을 바꾸기 때문에 썩지 않는다. 사람도 마찬가지로 늘 새로운 생각을 하는 사람이 발전한다. 고여 있는 물이 빨리 썩는 것처럼 고정관념에 사로잡혀 있는 사람은 기업에서 도태되고 만다.

기발한 전략은 새로운 생각에서 나온다. 참신한 아이디어는 고정관념을 깨뜨리는 데서 출발한다. 어떻게 하면 고정관념을 깨뜨릴 수 있을까. 생각이 물처럼 고여 있는 사람은 남이 하던 것만 답습하려고 들지만, 늘 생각에 몰두하는 사람은 일상적인 관행보다 새로운 변화를 모색한다.

중국의 병법가 중 손자 다음으로 잘 알려진 손빈의 기발한 전략 전술은 고정관념을 깨뜨리는 데서 나온다.

손빈은 손무보다 1백 년 뒤에 태어났다. 그는 위(魏)나라 사람으로 『오자병법(吳子兵法)』을 쓴 오기(吳起)에게서 병법을 배웠으며, 『손빈병법』의 저자로도 유명하다.

손빈과 동문수학한 사람 중에 방연이란 사람이 있었는데, 그는 일찍이 위나라 혜왕(惠王)의 총애를 받는 장군이 되었다.

방연은 곧 혜왕에게 손빈을 추천하였다. 그러나 한 스승 밑에서 공부를 할 때부터 그는 늘 손빈의 재능이 자기보다 뛰어난 것을 질투하고 있었다. 그는 손빈이 혜왕 수하로 들어오게 되자, 갑자기 자신의 장군 지위까지 빼앗길 것이 두려워져 계략을 꾸몄다.

　　방연은 혜왕에게 거짓을 아뢰어 손빈에게 간첩의 누명을 씌워 옥에 가두었다. 옥에 갇힌 손빈은 두 다리를 자르는 형을 받았다.

　　그러고도 모자라 방연은 손빈의 얼굴에 먹물로 죄인의 표시를 하여 영원히 그 표적이 지워지지 않도록 하였으며, 계속 감옥에 가두어둔 채 풀어주지 않았다.

　　어렵게 감옥에서 탈출한 손빈은 제(齊)나라로 가서 장군 전기(田忌)의 집에 머물게 되었다. 전기는 왕이나 공자들과 천금을 걸고 마차 경주를 즐겼으나 번번이 져서 많은 낭패를 보았다.

　　어느 날 전기를 따라 마차 경기장에 간 손빈은 경기 장면을 유심히 살펴본 후에 다음과 같이 말했다.

　　"지금 보니 세 번의 경주 중 두 번을 이기면 되는 것이군요. 그렇다면 상·중·하의 세 말 중 먼저 장군의 하등 말을 가지고 상대방의 상등 말과 겨루게 하십시오. 그리고 다음에는 장군의 상등 말과 상대방의 중등 말을 겨루게 하고, 마지막 경주에는 장군의 중등 말과 상대방의 하등 말을 겨루게 하시면, 세 번 중 두 번은 승리를 하게 될 것입니다."

　　전기가 손빈의 작전을 듣고 보니 그럴 듯하였다. 그 전까지만 해도 전기는 자신의 상등 말을 상대방의 상등 말과 겨루게 하였던 것이다. 그러다 보니 실력이 비슷하기는 하지만 늘 지는 경우가 많았다.

　　"그대의 말이 맞구려."

　　전기는 그날 마침 제나라 위왕과의 마차 경주에서 손빈의 작전대로 먼저 한 번 지고, 나중에 두 번 이겨 승리를 거두었다.

위왕의 천금을 얻게 된 전기는 매우 기뻤다. 그리고 그 뒤부터 손빈이 소문대로 지략을 갖춘 대단한 병법가임을 믿게 되었다.

어느 날 전기는 위왕에게 손빈을 추천하였다.

위왕도 손빈이 병법의 천재임을 알고 그를 군사(軍師)로 대우하였다.

위나라가 조나라와 연합하여 한(韓)나라를 공격할 때였다. 한나라는 제나라에 구원군을 요청하였고, 전기 장군은 손빈과 함께 출정하여 위나라의 수도를 공격하게 되었다.

한나라로 쳐들어간 위나라 장수 방연은 급보를 받고 군대를 돌려 제나라 군대를 추격하였다.

"위나라 군대는 제나라 군대를 업신여겨 교만하게 굴고 있습니다. 지금은 바로 적의 그 교만함을 키워서 공격하는 술책을 쓸 때입니다. 따라서 군대를 일단 후퇴시키십시오."

손빈은 전기에게 자신의 전략을 말하였다.

"지금 여기서 물러간다면 위나라 방연의 군대는 우리 제나라 군대를 우습게 보고 더욱 신바람이 나서 추격할 것이오."

"바로 그 말이 맞습니다. 적으로 하여금 신바람이 나서 추격을 하게 만드는 것이 이번 전투의 전략입니다. 전쟁을 잘하는 것은 실력 대 실력으로 맞서서 이기는 것이 아닙니다. 그러면 누가 승리하든 결국 양편이 다 큰 피해를 입게 되지요. 상대의 힘을 이용하여 우리 쪽이 적군보다 더 적은 피해를 입고 이길 수 있다면, 그 길을 택하는 것이 바로 병법입니다."

"그렇다면 그대는 어떤 전략을 가지고 있소?"

“적의 기를 더욱 살린 다음 그 급소를 쳐서 일격에 기를 꺾어놓는 것입니다.”

손빈은 자신의 전략을 전기에게 자세히 설명하였다.

“듣고 보니 과연 그렇구려.”

전기는 손빈의 전략대로 제나라 군대를 후퇴시켰다.

제나라 군대는 날마다 취사하는 가마솥 자리의 수를 줄여 나갔다. 첫날에는 10만 명분이던 것을, 다음날에는 7만 명분으로 줄였다. 그리고 그 다음날에는 5만 명분으로 줄이며, 위나라 방연의 군대가 추격해 오기를 기다렸다.

방연은 제나라 군대를 추격하면서 날마다 솥을 걸고 불을 땐 흔적이 줄어드는 것을 보고 크게 기뻐하며 말하였다.

“과연 생각했던 대로 제나라 군대는 군기가 빠졌다. 이 가마솥 자리를 보라. 우리 위나라 군대가 두려워진 제나라 병사들이 모두들 도망치고 있는 것이다. 도망병 숫자가 하루가 다르게 늘어나고 있단 말야. 불과 사흘 동안에 군사가 절반 이상으로 줄었다.”

자신감을 얻은 방연은 주력 부대를 진지에 남겨둔 채, 가볍게 무장한 기병대만 이끌고 밤낮으로 행군 거리를 배로 늘려 제나라 군대를 추격하였다.

한편 손빈은 길이 좁고 양쪽에 나무들이 울창한 마릉(馬陵)이란 곳에서 방연의 기병대를 기다리고 있었다.

손빈은 아름드리 나무의 껍질을 벗겨 ‘방연이 이 나무 아래서 죽다’ 라고 쓴 후, 소수정예로 골라 뽑은 활의 명수들을 모아 양쪽 숲에 매복을 시켰다.

“밤이 되기를 기다려 누가 이 나무 아래서 불을 켜거든 일제히 활을 쏴라!”

손빈이 매복한 군사들에게 명령하였다.

과연 손빈의 예측대로 밤이 되자 위나라의 기병대가 마릉에 도착하였다. 캄캄한 밤인데도 껍질이 벗겨진 큰 나무에 글씨가 쓰여 있는 것을 보고, 방연은 그것을 읽어보기 위해 군사들에게 불을 켜보라고 명령하였다.

방연은 나무에 쓰여 있는 글을 읽어 내려갔다. 그러나 그가 읽기를 다 마치기도 전에 매복했던 제나라 군사들이 일제히 활을 쏘아댔다.

“아앗! 복병이닷!”

위나라 기병대들은 정예 군사임에도 불구하고 갑자기 소나기처럼 퍼부어대는 화살을 피하지 못해 갈팡질팡하다가 전멸하였다.

“드디어 손빈에게 이름을 주고 말았구나!”

마지막까지 남은 방연도 자신의 군사들이 전멸하자, 이렇게 한탄을 하며 칼을 들어 자신의 목을 찔렀다.

손빈이 마차 경기장에서 전기에게 가르쳐준 방법은 아주 간단한 ‘순서 바꾸기’에 불과하다. 그런데 한 가지 생각에만 얽매어 있는 사람들은 그저 잘 달리는 말 먼저 경기장에 내보내려고 든다.

‘콘셉트를 바꿔라!’

이것이 오늘날 리더들에게 던지는 손빈의 주문이다.

자세를 낮출수록 큰 인물이 된다

안영

안영은 자신이 '정승'이라는 높은 자리에 있으면서도 스스로 낮출 줄 알았고, 아무리 비천한 사람이라 하더라도 자신보다 더 올바른 자세를 갖추었으면 깎듯이 스승으로 모실 줄 알았다. 마부를 스승으로 모실 줄 아는 안영의 태도야말로 이 시대의 진정한 리더가 갖추어야 할 덕목이다.

높은 자리에 있는 사람에게는 두 가지 타입이 있다. 하나는 높은 자리로 올라가면 갈수록 더욱 목에 힘을 주어 자신을 과시하는 사람과, 다른 하나는 더욱더 자세를 낮추어 자신의 존재를 잘 드러내려고 하지 않는 사람이다.

잘 익은 벼이삭은 고개를 숙일 줄 안다. 익지 않은 채 병충해를 입어 쭉정이만 남은 벼이삭은 뻣뻣하게 고개를 든다. 사람도 많이 배워 지혜를 축적하면 다른 사람 앞에서 난 체를 하지 않는다. 고개 숙인 벼이삭이 잘 익은 곡식이라는 걸 알 수 있듯이, 스스로 난 체를 하지 않아도 다른 사람들이 그를 큰 사람으로 알아준다.

진정한 리더는 높은 자리에 있어도 자신을 드러내지 않으며, 함부로 아랫사람 앞에 나서서 가볍게 입을 놀려 말하지 않는다. 넓은 귀를 가지고 있어 주로 아랫사람 이야기에 귀를 기울이며, 열 마디를 듣고 나서 겨우 한두 마디로 답변을 한다.

그리고 정말 진정한 리더는 아랫사람에게 배울 것이 있을 때 스스럼없이 그를 스승으로 대우할 줄 알아야만 한다. 그래야 큰 사람이 될 수 있다.

중국 제나라의 영공(靈公)·장공(莊公)·경공(景公)을 섬긴 재상 안영은 근면하고 검소한 것으로 이름이 난 사람이었다. 그는 정승이 된 뒤에도 반찬으로 두 가지 고기를 상 위에 올리지 않았으며, 집안의 여자들에게 비단옷을 입히는 법이 없었다.

조정에 나가서 정사를 논할 때도 안영은 왕의 명령을 충실히 따랐으며, 만약 정당하지 못할 때는 그 명령을 잘 헤아려서 옳은 일만 수행하였다. 그래서 왕이 세 번 바뀌는 동안에도 그는 제후들 사이에서 이름을 날렸다.

어느 날 월석보(越石父)라는 현명한 사람이 그만 죄를 지어 끌려가고 있었다. 마침 그 길을 지나가던 안영이 발견하고, 자신의 수레를 끄는 왼쪽 말을 풀어 속죄금을 내어주었다.

안영은 자유의 몸이 된 월석보를 자신의 수레에 태워 집으로 돌아왔다.

그런데 집에 도착한 안영은 너무 피곤하여 그대로 자기 침실로 들어가 버렸다.

"아니 대체 손님을 데려와 놓고 이런 법도 있습니까? 도무지 앞으로 상종을 못할 인물이로군!"

월석보는 화를 내면서 큰소리로 외쳤다.

밖이 시끄러워 나와본 안영은 깜짝 놀랐다. 그는 곧 자신이 월석보에게 뭔가 크게 잘못한 것이 있는 모양이라고 생각하며, 다시 방으로 들어가 의관을 차려입고 나온 후 허리를 숙여 말하였다.

"제가 비록 어질지 못하나 선생을 위기에서 구해드렸습니다. 그런데 어찌 선생께선 서운한 말씀을 하시는 것입니까?"

월석보가 대답하였다.

"그것은 그렇지가 않습니다. 제가 들은 바에 의하면 '군자는 자기를 이해하지 못하는 자에게는 굽히지만, 자기를 알아주는 사람에게는 뜻을 편다' 고 합니다. 제가 죄를 지어 묶이는 몸이 되었을 때,

그 포졸들은 저를 모르는 사람이어서 그들에게 굽혔습니다. 그러나 승상께서는 깨달은 바 있어 저를 속죄하여 주셨으니, 이는 저를 알고 있기 때문으므로 한 말씀 드리고자 하는 것입니다. 승상께서 저를 알면서 무례하게 대한다면, 저는 진실로 묶여 있을 때만도 못한 것이 됩니다.”

안영은 월석보의 말을 듣고 깊이 깨달은 바가 있어, 그를 귀한 손님으로 우대하였다.

또한 안영에게는 다음과 같은 일화가 있다.

안영의 수레를 끄는 마부는 좀 거만스러운 사람이었다. 재상의 마부라는 지위를 믿고 기고만장해 있었던 것이다.

그런데 어느 날부터인가 마부가 아주 겸손해져 있었다.

“그대는 어째서 그리 조신해졌는가? 예전과 사뭇 다른 태도로구나.”

마부가 그 연유를 말하였다.

며칠 전 마부의 아내가 문틈으로 바라보니 남편이 안영을 마차에 태우고 가고 있었다. 마부인 주제에 남편은 기세도 등등하게 채찍을 휘둘렀다. 일산을 씌운 정승의 사두마차를 끄는 것이 그 스스로 자랑스러운 얼굴이었다.

그날 저녁에 마부가 집에 돌아왔을 때 아내가 말하였다.

“우리 헤어집시다.”

“아니, 왜? 내가 무슨 잘못이라도 저질렀단 말이오?”

“오늘 아침에 보니 승상은 키가 6척도 못 되는데 제나라 정승이 되어 그 이름을 제후들 사이에 드날리고 있습니다. 그런데도 그분은 항상 스스로 몸을 낮춥니다. 당신은 키가 8척이나 되면서도 마부에 불과합니다. 그런데 당신은 그런 낮은 자리에 있으면서도 무엇이 그리 자랑스러워 어깨를 세우고 으스대는 것입니까? 그래서 나는 당신과 헤어지려는 것입니다.”

아내의 말에 마부는 깨달은 바가 있어 그 뒤부터 몸가짐을 바로 하고, 누구 앞에서도 거만하게 구는 일이 없어졌다.

“제가 겸손해진 것은 아내 덕분입니다.”

마부가 말을 끝내자, 안영이 말하였다.

“참으로 훌륭하다. 자기 잘못을 뉘우칠 줄 알고 분수에 맞게 겸손하게 사는 것은 대단한 일이다. 마부로 그냥 두기 아깝다.”

안영은 그 즉시 자신의 마부를 스승으로 삼았다.

이처럼 안영은 자신이 ‘정승’이라는 높은 자리에 있으면서도 스스로 낮출 줄 알았고, 아무리 비천한 사람이라 하더라도 자신보다 더 올바른 자세를 갖추었으면 깍듯이 스승으로 모실 줄 알았다. 중국의 역대 재상들 중에서 가장 슬기로운 사람으로 손꼽힐 정도로 이름을 날린 그는, 노후에 저술 작업에도 힘써 『안자춘추(晏子春秋)』라는 훌륭한 책을 남겼다.

마부를 스승으로 모실 줄 아는 안영의 태도야말로 이 시대의 진정한 리더가 갖추어야 할 덕목이다.

‘군자는 자기를 이해하지 못하는 자에게는 굽히지만, 자기를 알아주는 사람에게는 뜻을 편다’는 월석보의 말은 오늘날에도 유효하다. 상대의 마음을 이해하지 못하고 큰소리로 야단만 치는 리더의 곁에는 사람이 모여들지 않는다. 그러나 상대의 마음을 십분 이해하고 그 의견을 귀담아 들을 줄 아는 리더에게는 드러내 광고를 하지 않더라도 유능한 사람들이 저절로 몰려든다.

그러므로 자신을 낮출 줄 아는 리더는 우선 집의 문턱부터 낮추고 대문을 활짝 열어 손님 맞을 준비를 한다.

큰 이익을 얻기 위해 작은 수모를 감수한다

인상여

나라의 안전을 위해 자신의 자존심을 굽힌 인상여나 자신의 잘못을 깨닫고
부끄러움을 느껴 가시 회초리를 지고 사죄를 한 염파나 큰 인물임에
틀림이 없다. 그들은 큰 것과 작은 것을 볼 줄 알았고, 결코 작은 이익에
눈이 멀어 나라를 망치지 않았다.

마음의 눈은 거짓말을 하지 않는다. 욕심이 눈을 가리면 바로 앞에 있는 작은 이익만 보이고 큰 이익은 보이지 않는다. 큰 것과 작은 것을 가릴 줄 알아야 큰 인물이 될 수 있다. 진정한 리더는 코앞의 작은 이익보다 먼 미래의 큰 이익을 위해 자신을 희생할 줄 안다.

중국의 진(秦)나라가 한창 강성한 힘을 자랑할 때 조(趙)나라를 공격하여 석성을 빼앗고 군사 2만을 죽인 뒤, 서신을 보내 회합을 갖자고 하였다.

조나라의 혜문왕(惠文王)은 매우 걱정이 되었다. 공연히 회합 장소에 나갔다가는 진나라 소왕(昭王)에게 사로잡혀 다시는 돌아오지 못할 것 같았던 것이다.

그때 환관의 우두머리 인상여(藺相如)가 혜문왕에게 말하였다.

"회합 장소에 나가도록 하십시오. 만약 가지 않으면 조나라가 약하다는 것을 그대로 보여주는 것이 됩니다. 제가 따라가겠으니 아무 걱정 마시기 바랍니다."

결국 혜문왕은 인상여와 함께 진나라 회합에 나가기로 하였고, 이때 조나라 장군 염파는 국경까지 따라가서 이렇게 말하였다.

"회합을 마치고 30일이 지나도록 대왕께서 돌아오시지 않으면 태자(太子)를 왕으로 봉하여 진나라를 치겠습니다."

혜문왕은 염파의 충성심을 격려하고, 그 주청을 쾌히 허락하였다.

얼마 후 회합 장소에 도착한 조나라 혜문왕은 진나라 소왕과의 연회에 참석하였다.

주연이 한창일 때 진나라 소왕이 말하였다.

"전부터 조나라 왕은 음악을 좋아한다는 소문을 들었는데, 어디 한번 슬(瑟)이라도 연주해 들려주시기 바랍니다."

조나라 혜문왕이 슬을 연주하였다. 그러자 진나라 기록관이 앞으로 나와 이렇게 말하며 기록을 하였다.

"모년 모월 모일 진나라 왕은 조나라 왕과 회담을 하면서 슬을 연주하게 하였다."

이번에는 인상여가 앞으로 나가 말하였다.

"진나라 왕께서는 진나라 음악을 잘하신다는 소문을 들었습니다. 마침 좋은 기회이니 이 질그릇으로 장단을 맞추며 부디 옥성(玉聲)을 들려주시기 바랍니다."

인상여가 내민 질그릇은 '분부' 라는 진나라 그릇으로, 당시 미개한 진나라에서는 그것을 악기로도 대용하였다. 그래서 그것을 '질장구' 라 하였다.

진나라 소왕은 화를 내며 질장구 치는 일을 거절하였다.

인상여는 지지 않고 계속 간청하였다. 소왕은 더더욱 화를 내었다.

그러자 인상여는 그런 진나라 소왕을 쏘아보며 다음과 같이 말하였다.

"대왕과 신의 사이는 다섯 걸음밖에 안 됩니다. 제 목을 찌른 피가 대왕의 옷을 적실 수도 있지요."

이것은 자신을 희생하여 소왕을 죽일 수도 있다는 일종의 엄포였다.

이때 진나라 장수들이 인상여를 칼로 베려고 하였다.

"물러서라!"

인상여는 소리치며 질그릇을 진나라 소왕 가까이 내밀었다. 여차하면 그 질그릇으로 상대의 머리를 내리칠 수도 있는 자세였다.

진나라 소왕은 할 수 없이 질장구를 때렸다.

그러자 인상여는 기다리고 있었다는 듯 조나라 기록관을 바라보며 말하였다.

"적어 놓으시오. 모년 모월 모일에 진나라 왕이 조나라 왕을 위하여 질장구를 쳤다고."

진나라 신하들은 화가 치밀어 올랐다. 그래서 거의 어거지와도 같은 제의를 하였다.

"조나라의 15개 성시를 진나라 왕에게 바쳐 장수를 축복해 주시오."

그 소리를 듣고 인상여가 또한 말하였다.

"청컨대 진나라는 함양 땅을 바쳐 조나라 왕의 장수를 축복해 주시오."

결국 진나라 왕은 조나라 왕을 굴복시키지 못하였다.

조나라 혜문왕은 회담을 마치고 무사히 귀국하였다. 이 모두가 인상여의 재치 있는 말솜씨와 지혜 덕분이었다.

혜문왕은 인상여의 공로를 인정하여 상경(上卿)의 벼슬을 내렸다. 그런데 같은 상경이라도 직위로 볼 때 염파보다 윗자리였다.

염파는 그것이 불만이었다.

"나는 조나라의 대장군으로 전쟁에 나가 죽음을 무릅쓰고 큰공을 세웠다. 인상여는 가벼운 혀만 놀려 일을 꾸몄는데, 지위는 그가 더 높아졌다. 더구나 인상여는 비천한 출신이니, 나는 그런 사람 밑에서 일을 할 수 없다."

염파는 이처럼 공공연히 떠들고 다니며, 만약 인상여를 만나면 그냥 놔두지 않겠다고 별렀다.

이 소문을 듣고 인상여는 염파와 마주치지 않으려고 항상 조심하였다.

그런데 어느 땐가 인상여는 외출을 하다가 저쪽에서 걸어오는 염파를 목격하였다. 그는 얼른 옆길로 숨어버렸다.

그때 인상여의 가신들이 말하였다.

"왜 자꾸 염파 장군을 피하려고만 하십니까? 두 분은 동등한 서열에 있습니다. 장군과 재상이라는 분들이 평범한 사람들처럼 행동하시는 것은 매우 부끄러운 일입니다."

그러자 인상여가 가신들에게 말하였다.

"그대들은 진나라 왕과 염파 장군 중 어느 쪽이 두렵다고 생각하나?"

"물론 진나라 왕입니다."

"그런 진나라 왕에게 나는 당당하게 대했다. 그리고 진나라 왕의 신하들을 마치 어린애처럼 취급해 주었다. 그런 내가 염파 장군을 두려워하겠느냐? 나는 이렇게 생각한다. 강대한 진나라가 우리 조나라를 공격하지 못하는 것은 염파 장군과 내가 버티고 있기 때문이다. 만일 우리 두 사람이 다툰다면 어느 쪽인가가 상처를 입을 것이다. 내가 이렇게 처신하는 것은 개인의 다툼보다 우선 나라의 문제가 더 중요하기 때문이다."

인상여의 말에 가신들은 모두 감동하였다. 나라를 위해서는 자신의 자존심이 상하더라도 염파 장군을 피해 다니는 것이 옳다는 이야기였다.

그런데 마침 염파가 인상여의 그 말을 엿들었다.

염파는 부끄러운 마음을 감출 수가 없었다. 그는 그날로 웃옷을 벗고 가시 회초리를 등에 진 채 인상여를 찾아가 사죄하였다.

"부디 이 어리석은 자를 용서해 주기 바라오."

인상여는 염파를 용서하였다.

그 이후 두 사람은 사이가 좋아졌다. 두 사람은 '문경(刎頸)의 교우(交友)' 를 맺게 되었다. 이것은 생사를 함께 하는, 다시 말하면 '목이 잘려도 후회하지 않을 정도의 친한 교우 관계' 를 일컫는 말이다. 두 사람이 이처럼 돈독한 관계를 유지하자, 진나라는 감히 조나라를 공격할 엄두를 내지 못하였다.

나라의 안전을 위해 자신의 자존심을 굽힌 인상여나 자신의 잘못을 깨닫고 부끄러움을 느껴 가시 회초리를 지고 사죄를 한 염파나 큰 인물임에 틀림이 없다. 그들은 큰 것과 작은 것을 볼 줄 알았고, 결코 작은 이익에 눈이 멀어 나라를 망치지 않았다.

요즘 보면 작은 이익에 눈 먼 사람들이 많다. 그들의 눈에는 '욕망' 이라는 안개에 가려 먼 미래의 큰 이익이 보이지 않는다. 진정한 리더라면 안개 너머의 큰 이익을 볼 줄 아는 마음의 눈을 가지고 있어야 한다.

한문으로 볼 견(見) 자는 시선이 가 닿는 부분밖에 보지 못하는 것을 말하고, 볼 관(觀) 자는 마치 부엉이가 어둠 저쪽을 꿰뚫어보듯 보이지 않는 저 너머까지 볼 수 있는 것을 말한다. 눈앞의 작은 이익밖에 보지 못하는 사람은 볼 견(見) 자의 눈을 가진 사람이고, 당장 이익은 없지만 먼 미래의 큰 이익을 보고 상대에게 머리를 숙일 줄 아는 사람은 볼 관(觀), 즉 직관력을 가진 리더의 자격을 갖추었다고 할 수 있다.

잘못된 관행부터 뿌리 뽑자

서문표

서문표의 결단력과 그 행동력은 관행처럼 내려오던 업현의 수신에게 처녀를 바치던 해괴한 풍습을 고쳤으며, 그동안 백성들을 괴롭혀온 삼로와 무당들에게 무서운 단죄를 내렸다.

처음에는 신선했던 것도 오래 지속되면 관행이 된다.

관행은 한번 그 맛을 들이면 그 자리에 안주하고 싶어진다.

개혁을 할 때 가장 먼저 뜯어고쳐야 할 것이 잘못된 관행이다.
관행은 발전의 저해 요소이며, 나태의 진원지다. 그런 관행에 젖은 사회를 관료사회라고 하고, 늘 해오던 대로 안정만을 바라며 자신의 안위를 지키려고 하는 관료들의 태도를 관료주의라고 한다.

우리 사회는 관료주의에 물들어 있다. 특히 정치, 행정, 언론, 교육 등의 분야는 관행으로 일관해 오면서 안정이 아닌 퇴보로 가고 있는 듯한 느낌까지 든다. 그래도 기업의 경우는 안주하지 않고 다소의 모험을 동반하더라도 발전 기조로 나가려는 움직임이 강하다. 다른 어떤 분야보다 리더십이 발휘되고 있다는 증거다.

'움직이지 않으면 죽는다.'

이것은 21세기 스피드 경영의 기본 테마다.

움직이되 어느 방향으로 움직이느냐, 그것을 결정하는 것이 결단력이다. 그리고 일단 결단을 하면, 곧바로 실행에 옮겨야 한다. 결단하는 순간에 가장 큰 파워가 형성되며, 그 순간을 넘겨 자꾸 시간을 끌면 끌수록 파워가 약해져 나중에는 무엇을 해야 하는지조차 모르는 의지력 상실감에 빠져든다.

'결단은 칼처럼, 행동은 화살처럼!'

이것은 『손자병법』에 나오는 말로, 오늘날 개혁을 주도하는 리더들에게 스피드 경영의 핵심 전략으로 즐겨 사용되고 있다. 오래된 관행을 뿌리 뽑기 위해서는 일단 기존 질서의 저항에 부딪칠 것을 각오하고 칼로 무를 자르는 듯한 결단을 내려야 하고, 결단이 서면 곧바로 행동에 옮겨 마치 홍수로 쏟아져 내리는 계곡 물이 큰 바위 덩어리를 굴리는 기세로 무섭게 몰아쳐야 한다.

위(魏)나라 문후(文侯) 때의 인물 서문표(西門豹)는 업현의 현령이었다. 그는 부임하자마자 고을의 장로(長老)들을 불러놓고, 그들이 고민하는 바가 무엇인지 물어보았다.

노인 한 명이 말하였다.

"하백(河伯)에게 매년 처녀를 바쳐야 하기 때문에 괴롭습니다. 그로 인하여 예쁜 딸을 가진 부모는 근심 속에 살며, 백성들은 가난을 면치 못하고 있습니다."

'하백'은 수신(水神)을 뜻하였다.

"수신에게 처녀를 바치다니? 또 가난을 면치 못한다는 것은 무슨 말이오?"

노인이 말하였다.

"업현의 교화(教化)를 담당하는 삼로와 현청의 속관들이 해마다 백성들에게서 수백만 전의 세금을 거둬 갑니다. 이 과세 중에서 수만 전을 떼어 하백에게 부인을 얻어주는 데 쓰고, 그 나머지 돈은 그들과 무당들이 나누어 갖는 게 관행으로 되어 있습니다."

서문표로서는 들을수록 해괴한 이야기일 뿐이었다.

업현에서는 매년 하백에게 부인을 얻어주는 행사가 벌어지는데, 그때쯤 되면 무당이 집집마다 방문하여 예쁜 처녀를 한 명 골라 '이 아이가 하백의 부인이 될 만하다'고 추천하였다. 그러면 곧 삼로(三老)와 현청 속관들은 그 집에 폐백을 보내고, 그 처녀를 데려다 목욕을 시킨 뒤 비단으로 지은 옷을 입혀 황하(黃河)의 물 위에 지은 재궁(齋宮)으로 데려 갔다. 재궁은 붉은 장막으로 장식하고, 그 안에 쇠고기와 술과 밥을 잘 차려놓아 10여 일 동안 처녀에게 잘 먹였다. 그런 뒤 여러 무당이 달려들어 처녀에게 화장을 시키고 새색시 의상을 입힌 후, 날을 잡아 시집가는 여자의 방처럼 꾸민 나무 판자 위에 그녀를 태워 물 위에 띄워 보내는 것이었다.

"허면, 결국 그 처녀를 수장시킨다는 얘기가 아니오?"

서문표는 너무나 놀라운 이야기에 그만 입을 다물 수가 없었다.

"하백은 수중에 살고 있는데, 처녀를 실은 나무 판자는 수십 리쯤 흘러가다가 수중으로 가라앉게 되지요. 즉 이렇게 하여 하백에게 처녀를 바치는 것입니다. 그래서 매년 예쁜 딸을 가진 고을 사람들은 무당이 하백의 신부감으로 딸을 데려 갈까 봐 두려워 멀리 도망가는 집들도 많습니다. 이런 까닭으로 고을은 더욱 텅 비고, 남아 있는 사람들은 과중한 세금 때문에 가난에서 벗어나지 못하고 있습니다."

노인이 말을 끝내자 서문표가 물었다.

"대체 무슨 이유로 수신에게 처녀를 바치는 것이오?"

"이것은 오래 전부터 이 고을에 내려오던 관행입니다. 속담에도 '만일 하백에게 처녀를 바치지 않으면, 신이 노해 황하의 물을 넘치게 하여 고을이 모두 잠기고 사람들을 익사시킬 것이다' 라는 말이 있습니다. 또한 하백이 한번 화를 내면 강물이 마르고 땅이 가물어 곡식들이 모두 타죽는다고 합니다. 하백의 이러한 경고 때문에 해마다 이 행사는 계속되어 오고 있는 것입니다."

서문표는 묵묵히 듣고만 있다가, 무슨 결단이 선 듯이 말했다.

"좋소! 그때가 되어 삼로와 무당들이 강가로 모두 나오면 내게 알려주시오."

마침내 그날이 왔다. 장로들로부터 연락을 받은 서문표는 황하의 강가로 나갔다. 거기에는 삼로와 현청의 속관들과 고을의 호족들이 나와 있었다. 구경꾼만 해도 수천 명에 달하였다.

큰무당은 70세가 넘은 여자였다. 그녀를 따르는 10여 명의 새끼 무당들도 나와 있었는데, 모두들 비단으로 만든 호화스런 옷을 입고 있었다.

이때 서문표가 앞으로 나서서 말하였다.

"하백의 신붓감을 이곳으로 데려 오라. 어디 얼마나 아름다운지 보고 싶구나."

행사를 주관하는 것은 삼로와 무당들이었지만, 현령의 명을 거역할 수는 없었다. 재궁의 장막 속에 있던 처녀가 곧 서문표 앞으로 불려 나왔다.

서문표가 보기에도 처녀는 아름다웠다. 그러나 그는 삼로와 무당과 처녀의 부모를 돌아보며 다음과 같이 말하였다.

"아니 하백에게 시집보낼 처녀의 얼굴이 왜 이 모양인가? 내 눈에는 이 처녀가 추하게만 보이는구나."

큰무당이 앞으로 나서며 말했다.

"이 고을에서는 가장 아름다운 처녀입니다."

"아니다. 이 처녀는 아름답지 않기 때문에 오히려 하백이 화를 낼 것이다. 수고스럽지만 큰무당은 지금 하백에게 가서, 후일 다시 아름다운 처녀를 구해오겠다고 보고를 하고 돌아오라."

서문표의 말에 큰무당은 어찌할 바를 몰랐다.

"하백님께 갔다 오라 하시면?"

"무엇들 하느냐? 어서 저 늙은 것을 물 속에 처넣어라."

서문표의 명령이 떨어지기 무섭게 사졸들이 달려들어 큰무당을 강물 속에 텀벙 집어던졌다.

갑자기 술렁거리던 행사장은 조용해졌다.

"아니, 무당 할멈은 하백을 만나러 들어간 지가 언젠데 아직까지 나오질 않고 있느냐? 제자는 가서 왜 이리 늦는지 알아보고 오라."

서문표는 다시 사졸들을 시켜 새끼무당 한 명을 다시 물 속에 처넣게 하였다.

잠시 기다리던 서문표는 다시 이렇게 말하였다.

"이런, 제자마저 들어가더니 오리무중이로군. 다시 한 사람을 더 보내라."

사졸들이 새끼무당 한 명을 다시 물 속에 처넣었다.

이렇게 세 명의 무당을 물 속에 던지게 한 후 서문표가 다시 말하였다.

"무당과 그 제자들은 모두 여자라, 하백을 만나는 것이 몹시 두려운 모양이다. 이번에는 삼로가 하백에게 다녀오라."

사졸들은 삼로를 물 속에 던졌다.

그러고 나서 서문표는 오래도록 기다렸다. 고을의 장로들과 현청의 속관들, 호족들은 모두들 놀라 현령을 두려워하게 되었다. 그들을 돌아보며 서문표가 다시 입을 열었다.

"아무리 기다려도 무당 세 명과 삼로가 돌아오지 않습니다. 이를 어찌하면 좋겠습니까? 하백이 손님을 너무 오래 기다리게 만드니, 모두들 돌아가도록 합시다."

이런 일이 있고 나서부터 업현에서는 하백에게 처녀를 바치는 일이 없어졌다.

서문표는 곧 백성들을 동원하여 열두 개의 수로를 만들어 강물을 끌어들여 논밭에 물을 대도록 하였다. 그 이후 농사가 잘되어 업현의 백성들은 부유한 생활을 꾸려 갈 수 있게 되었다.

서문표의 결단력과 그 행동력은 관행처럼 내려오던 업현의 수신에게 처녀를 바치던 해괴한 풍습을 고쳤으며, 그동안 백성들을 괴롭혀 온 삼로와 무당들에게 무서운 단죄를 내렸다.

처음에는 신선했던 것도 오래 지속되면 관행이 된다. 좋은 기획도 자주 아이디어를 바꾸고 변형시켜 나가지 않으면 발전의 저해 요인으로 작용하는 관행이 된다. 관행은 당의정과도 같아서 한번 그 맛을 들이면 그 자리에 안주하고 싶어진다. 따라서 관행을 과감하게 뿌리 뽑지 않으면 그 사회는, 그 기업은 발전이 없다. 21세기형 리더는 혁신 경영의 첫 번째 전략으로 관행부터 뿌리 뽑는다.

질서를 바로잡는 법

복식

비단 양뿐만이 아닐 것입니다. 백성을 돌보시는 일도 같은 요령이라 생각됩니다. 일을 시킬 때 시키고, 쉴 때는 쉬게 하고, 해가 되는 것은 그때마다 제거하여 집단의 질서를 유지하도록 하는 데 있습니다.

유능한 리더는 부하들에게 강압적으로 명령을 내리지 않는다.
자연스럽게 따라올 수 있도록 유도한다.

노련한 목동은 들판에 무리 지어 있는 소를 우리로 넣을 때 채찍을
마구 휘둘러 위협하지 않는다. 일단 한 마리가 우리로 들어가게 되
면 나머지는 따라서 들어가게 되어 있기 때문에, 우두머리격의 소
를 찾아 우리로 유도한다.

중국 한(漢)나라 무제(武帝) 때의 일이다. 한창 흉노족을 토벌할
즈음이었는데, 시골에서 올라온 어느 양치기가 나라에 자기 재산의
절반을 군사비로 헌납하겠다고 청원하였다.

무제는 곧 사자를 보내어 물었다.

"그대는 누구이며, 어떤 관직을 원하는가?"

양치기가 대답하였다.

"저는 복식이라고 하며, 젊어서부터 목축으로 살아온 자입니다.
관직을 가지다니요? 저는 그런 것을 꿈에도 생각해 본 적이 없습니
다. 그저 양치기로 족할 뿐입니다."

"그럼 억울한 일이 있어, 그것을 풀기 위함인가?"

사자가 고개를 갸우뚱거리며 다그쳐 물었다.

"아닙니다. 저는 일찍이 남과 다툰 적이 없습니다. 가난한 자에
게는 제가 가진 것을 나누어 베풀어주고, 불량한 자에게는 가르치
고 깨닫게 하는 생활 방식으로 살아왔으므로, 모두 제 말이라면 잘

들어줍니다. 그러니 남에게 억울한 일을 당하거나 하는 일은 있을 수 없습니다."

복식(卜 式)은 머리를 숙여 사자에게 대답하였다.

"그대는 재산의 절반을 헌납하려 한다는데, 그럼 다른 무슨 목적이라도 있단 말인가?"

"천자께서 흉노와 싸우고 계신다는데 평민이라 하여 편안히 있을 수만은 없는 일입니다. 힘있는 자는 목숨을 던지고, 재산이 있는 자는 돈을 내놓지 않으면 흉노를 퇴치할 수 없다는 생각이 들었기 때문입니다."

사자는 양치기 복식의 말을 그대로 무제에게 전했다.

이때 무제는 승상 공손홍(公孫弘)에게 물었다.

"복식이란 자의 말을 믿을 수 있겠는가?"

"복식의 말에는 수상쩍은 데가 있습니다. 이러한 수법은 천자의 위덕에 순종치 않는 불량배에게 흔히 있는 것입니다. 폐하께서는 아무쪼록 허락하지 마시기 바랍니다."

무제는 공손홍의 말을 들어 복식의 청원을 받아들이지 않았다.

공손홍은 일찍이 돼지치기로 어렵게 생계를 꾸려가다가 나이 70세에 이르러서야 벼슬을 하여 승상의 자리에 오른 사람이다. 그는 황제의 마음에 들지 않는 안건은 궁중 회의에서 결코 주청하지 않았으며, 언제나 자신은 문제만 열거하고 결론은 황제가 내리도록 하였다.

그런 공손홍이 복식을 불량배로 취급하였으니, 무제도 그의 말을 듣지 않을 수 없었다.

한편, 복식은 무제가 자신의 재산 헌납을 받아들이지 않는다고 하자 두 말 하지 않고 고향으로 돌아가 전처럼 목축업에 열중하였다.

복식은 원래 하남의 농사꾼이었다. 아우가 어릴 때 부모를 여의고 나서 형제끼리 살았다. 아우가 30세가 되었을 때, 그는 토지와 가옥과 재산 일체를 아우에게 넘기고 자신은 양만 1백여 마리 데리고 집을 떠났다.

그후 복식은 산에 들어가 양치기에 전념하여 10여 년 만에 양을 1천 두 이상으로 늘리고 토지와 가옥도 마련하였다. 그런데 그 사이에 아우는 가산을 다 탕진하여 버렸다. 그는 다시 아우에게 자신의 재산을 나누어주었다.

이처럼 복식은 꾸준히 노력하여 재산을 불리고, 그 재산으로 아우는 물론 가난한 사람들을 돕는 데 두루 사용하였다.

흉노의 혼야왕이 투항해 왔을 때 한나라의 국고는 텅 비어 있었다. 더구나 다음해에 빈민들을 새로운 영토로 이주시켰는데, 나라에서 부담하기로 한 그 비용조차 충당할 길이 없었다. 이 소문을 듣고 복식은 고향인 하남군 태수를 찾아가 20만 전을 헌납하였다. 태수는 곧 그 돈을 무제에게 보냈다.

"이 양치기 사내는 전에도 재산의 절반을 군사비로 헌납하겠다고 청원했던 일이 있었지……."

무제는 양치기 복식을 기억하고 있었다.

가만히 있을 수가 없다고 생각한 무제는 복식에게 포상으로 20만 전에 해당하는 4백 명분의 노역을 면제시켜 주었다.

　　그러자 복식은 그 포상에 상당하는 돈을 또다시 국가에 헌납하였다. 당시 부자들은 모두가 자기 재산을 숨기기에 급급할 때였으므로 그의 이러한 행위는 더욱 빛났다.

　　"내가 생각하기에 복식은 일개 양치기에 불과하지만 훌륭한 인재임에 틀림이 없소. 그를 불러 벼슬을 내리는 게 좋을 것 같은데, 승상의 생각은 어떠하오?"

　　무제가 승상 공손홍에게 물었다.

　　"복식이 양치기 출신이라면 선량한 사람이니, 믿어도 좋을 것 같습니다."

　　공손홍이 대답하였다.

　　"승상! 전에는 복식을 불량배라고 하더니 어째서 이번에는 선량한 사람이라 하는 것이오?"

　　"예, 폐하! 전에는 복식이 그저 재물이 많은 부자인 줄로만 알았습니다. 부자는 탐욕스러워 벼슬을 줄 경우 나라에 헌납한 재물 생각에 탐관오리로 전락하기 쉽습니다. 그러나 이번에 들은 바로 복식이 양치기라 하니, 벼슬을 내려도 무방할 듯싶습니다. 가축을 잘 다스리는 사람이 나라도 잘 다스리는 법입니다."

　　"역시 돼지치기 출신 승상다운 말이구려!"

　　무제는 껄껄대고 웃었다.

　　이제 무제는 복식의 인격을 굳게 믿게 되어, 그에게 중랑의 벼슬을 내렸다.

　　그런데 복식이 벼슬에 대해 별로 달가워하지 않자, 무제는 다음과 같이 말했다.

"중랑이라고는 하지만 직무는 아무래도 좋다. 그대 생각이 정 그렇다면 상림원에 가서 내 양을 길러다오."

복식은 그것까지 거절할 수가 없었다. 그리고 양을 기르는 일이라면 자신이 있었다. 벼슬은 중랑이지만, 그는 검소한 옷에다 짚신을 신고 생활하며 궁궐의 상림원에서 양을 길렀다. 1년쯤 지나자 양은 통통하게 살이 오르고 새끼들을 번식하여 그 수가 많이 늘었다.

무제는 그 양들을 보고 감탄하였다.

"대체 어떻게 길렀는데 이렇게 양들이 통통하니 보기 좋게 살이 올랐을꼬?"

이때 복식이 대답하였다.

"비단 양뿐만이 아닐 것입니다. 백성을 돌보시는 일도 같은 요령이라 생각됩니다. 일을 시킬 때 시키고, 쉴 때는 쉬게 하고, 해가 되는 것은 그때마다 제거하여 집단의 질서를 유지하도록 하는 데 있습니다."

무제는 그 말이 과연 옳다고 생각하였다. 그래서 한 번 시험삼아 복식에게 현령 자리를 주어 백성들을 다스려 보게 하였다.

복식이 작은 현의 현령을 맡자, 백성들이 모두 그를 따랐다.

무제는 다시 조금 더 큰 교통 요충지의 현을 다스리게 하였다. 그러자 이번에는 물자 수송을 아주 원활히 하여 예전에 그 유례를 찾아볼 수 없을 만큼 현을 발전시켰다.

무제는 복식의 일에 대한 열성에 반하여, 곧 그를 자신의 아들을 교육시키는 태부로 임명하였다.

리더는 어떤 무리의 질서를 바로잡는 사람이다. 질서는 외압에 의하여 지켜지는 것이 아니라 자연스러움을 유지하는 것에 다름 아니다. 그러므로 자연스러움의 원리를 아는 것, 그것이 바로 리더의 전제 조건이다.

마음과 귀가 열린 사람

환공

환공이 포숙아의 말을 듣지 않고 관중을 원수로 생각하여 죽여 버렸다면 제나라는 천하를 호령하지 못하였을 것이다. 관중을 천거한 포숙아도 큰 인물이지만, 그의 말을 믿고 한때 적이었던 사람을 등용한 환공은 더 큰 인물이다.

＊

유능한 리더는 일을 잘하는 사람이 아니다. 누가 일을 잘하는지 알아보는 눈을 가지고 있으면서 때에 적절하게 인재를 등용하고, 그 다음에는 그들이 자유롭게 일할 수 있도록 뒤에서 돕는 사람이다. 다른 사람을 향해 마음의 문을 열고, 귀 기울여 들을 줄 아는 사람이 큰 리더다.

중국 제(齊)나라의 양공은 폭군 중의 폭군으로 아무 죄도 없는 무수한 신하들을 죽였다. 군주가 폭군이 되면 백성들이 나라를 등지는 법이다.

양공의 손아래 동생인 규(糾)는 어머니의 고향인 노나라로 망명하였는데, 이때 충신 관중(管仲)이 따라갔다. 그 다음 동생 소백(小白)은 거나라로 갔으며, 이때 충신 포숙아(鮑叔牙)가 따라갔다.

결국 폭군 양공은 휘하 장수 무지에게 주살을 당하였다. 반란을 일으켜 양공을 죽인 무지는 그 스스로 제나라의 왕이 되었다. 그러나 그 역시 암살당하고 새로운 왕을 추대하는 문제를 가지고, 공자 간에 치열한 다툼이 벌어졌다. 즉 노나라로 간 규와 거나라로 간 소백은 서로 제나라의 왕이 되기 위해 고국으로 되돌아왔다.

공자 규를 왕으로 추대하기 위하여 관중은 군대를 이끌고 매복해 있다가 소백이 나타나자 활을 쏘았다. 화살은 그대로 명중하였고, 소백은 말에서 떨어졌다.

관중은 곧 노나라에 머물고 있는 공자 규에게 사자를 보내어 소백이 죽었다는 사실을 알렸다. 안심한 규는 여유를 가지고 6일이나 걸려 제나라로 돌아왔다.

그러나 이미 제나라의 왕은 정해져 있었다. 죽었다고 알고 있던 공자 소백이 즉위해 있었던 것이다. 제나라로 돌아올 때 소백은 분명히 관중의 화살을 맞았다. 그런데 다행히 그 화살은 소백의 허리띠 쇠 장식에 맞았기 때문에 구사일생으로 살아났다.

소백은 화살에 맞아 말에서 떨어졌을 때 달려온 졸개들에게 말했다.

"나를 죽은 것처럼 영구차에 실어 제나라로 급히 달려라."

졸개들은 소백의 명령대로 하여 공자 규보다 먼저 제나라에 도착하였고, 그 스스로 왕이 되었다.

이렇게 하여 왕이 된 공자 소백이 바로 제나라의 환공(桓公)이었다. 환공은 즉위하자마자 군대를 장악하여 형인 공자 규의 입국을 막았다. 절망에 빠진 규는 다시 노나라로 돌아갔다.

그해 가을에 환공은 노나라를 공격하였고, 관중은 제나라의 포로가 되었다. 이때 환공을 모시던 포숙아가 친구인 관중의 목숨을 구하기 위해 나섰다.

"대왕은 제나라의 군주가 되셨습니다. 앞으로 천하를 다스릴 패자가 되시려면 인재가 필요합니다. 만약 대왕이 천하를 얻으실 포부를 갖고 계시다면 관중을 너그러이 용서하시고, 그를 등용하십시오."

환공은 처음 포숙아의 말에 화를 내었다.

"무슨 소린가? 관중은 나에게 화살을 쏜 천하의 역적이다."

“실로 관중을 등용하는 나라는 천하를 얻을 것입니다. 제나라는 지금 바로 관중 같은 인물이 필요한 때입니다.”

환공은 귀가 큰 사람이었다. 신하의 말을 들을 줄 알았다. 만약 노나라에서 관중을 보내지 않고 등용하여 쓴다면 제나라는 그만큼 불리할 수밖에 없었다.

이렇게 하여 환공의 허락을 받은 포숙아는 관중의 손과 발에 채워진 쇠사슬을 풀어주었다.

“포숙아! 나는 죄인인데 왜 사슬을 풀어주는 건가?”

죽을 줄로만 알았던 관중은 친구 포숙아를 바라보았다.

“대왕을 만나 뵈면 알게 되네.”

곧 관중은 환공을 만났다.

환공은 관중을 정중하게 대우하였다.

“그대에게 대부의 벼슬을 내리노라.”

관중은 이때 크게 감동하여 환공에게 충성을 맹세하였다.

친구 덕분에 제나라의 대부가 된 관중은 포숙아의 은혜를 잊지 않고 사람들에게 이렇게 말하였다.

“내가 일찍이 가난하였을 때 포숙아와 함께 장사를 한 일이 있었다. 이득을 분배할 때 나는 포숙아보다 많이 가져갔다. 그러나 포숙아는 그것을 눈치 채고도 나를 탐욕스럽다고 생각하지 않았다. 내가 가난한 것을 알았기 때문이다. 내가 일찍이 포숙아를 위하여 어떤 일을 도모한 적이 있었는데, 더욱 곤궁해지는 바람에 실패하였다. 그때도 포숙아는 나를 어리석다고 말하지 않았다. 시운(時運)에 따라 이로울 때도 있고 불리할 때도 있다는 것을 그는 알고 있었기 때문이다. 내가 일찍이 세 번 벼슬을 하였다가 세 번 쫓겨난 일이 있었는데, 포숙아는 내가 부정하여 그렇게 되었다고 생각하지 않았다. 내가 때를 못 만난 것을 알고 있었기 때문이다. 내가 일찍이 세 번 싸워 세 번 달아난 일이 있었다. 그러나 포숙아는 나를 비겁하다고 생각하지 않았다. 나에게 봉양할 노모(老母)가 있다는 것을 알았기 때문이다. 공자 규가 패했을 때 친구인 소홀(召忽)은 노나라에서 죽었으나, 나는 죽지도 못하고 제나라로 끌려왔다. 그러나 포숙아는 나를 부끄러움이 없는 사나이라고 생각하지 않았다. 내가 작은 의리에서 벗어나는 것을 부끄러워하지 않고 천하에 공명을 세워 떨치지 못하는 것을 부끄럽게 여긴다는 사실을 포숙아는 알고 있었기 때문이다. 나를 낳은 이는 부모이고, 나를 알아준 이는 포숙아다.”

후세 사람들은 이러한 관중과 포숙아의 우정을 일컬어 ‘관포지교’라 하여 칭찬해 마지않았다.

포숙아의 사람 보는 눈은 정확하였다. 과연 관중의 재능은 빛을 발휘하기 시작하였다. 관중의 정사는 나라 안팎에 미치지 않는 곳이 없었다. 그는 노인을 위로하고, 어린이를 소중히 생각하였다. 고아를 구제하였고, 병든 사람을 돌보았으며, 홀아비에게는 부인을 맞이하게 하였다. 또한 궁한 사람은 통하게 하였고, 배고픈 사람은 끼니를 거르지 않게 하는 등 마치 햇빛이 온 천하를 골고루 비추듯이 정사를 돌보았다.

관중은 그가 쓴 저서 『관자(管子)』에서 다음과 같은 점을 특히 강조하였다.

‘창고가 차야 예절을 알게 되고, 옷과 음식이 넉넉해야 명예와 치욕을 알게 된다. 위에서 법도를 지켜야 부모형제와 처자도 친애·단결하게 되고, 예의(禮)·의리(義)·청렴(廉)·치욕(恥) 등 네 가지를 지키지 않으면 나라는 드디어 멸망한다.’

관중의 이러한 정사 원칙에 따라 제나라는 혼란을 극복하고 점차 안정을 되찾았다. 높은 관리가 명령을 내리는 것이, 마치 물이 위에서 아래로 흐르는 것처럼 민심에 순응하였다.

제나라 환공은 얼마 가지 않아 모든 제후들을 따르게 하여 천하의 패자로 군림하였다. 전에 관중의 목숨을 살려 달라고 간청한 포숙아의 말은 맞아떨어졌으며, 그때 관중을 얻었기 때문에 환공은 마침내 천하를 호령하게 된 것이었다.

만약 환공이 포숙아의 말을 듣지 않고 관중을 원수로 생각하여 죽여버렸다면 제나라는 천하를 호령하지 못하였을 것이다. 관중을 천거한 포숙아도 큰 인물이지만, 그의 말을 믿고 한때 적이었던 사람을 등용한 환공은 더 큰 인물이다.

작은 기업과 큰 기업의 차이는 이와 같다. 비록 원수라 하더라도 인재를 알아보고 등용하는 사람은 큰 기업을 일으키지만, 마음과 귀가 열리지 않아 인재를 알아보지 못하는 사람은 작은 기업밖에 경영하지 못한다.

시소 게임과 리더의 자세

후영

시소는 자신이 낮아지면 상대가 올라가고, 상대가 낮아지면
자신이 올라가게 되어 있다.
시소의 원리를 이용하면 자연적으로 낮은 자리의 사람 때문에
상대의 명예가 더욱 올라감을 알게 되고, 높은 자리의 사람은 자신을 낮춰
상대를 더욱 높여주려고 애쓰게 될 것이다.

*

이 세상에는 서로 반대되는 개념이 있기 때문에 비교가 되어 그것의 진가를 알게 된다. 불행이 있으므로 행복을 알게 되고, 낮은 자리가 있기에 높은 자리의 권위가 빛난다. 그러므로 행복한 사람은 그 비교가 되는 불행한 사람을 은인으로 생각해야 하고, 관직이 높은 자리에 있는 사람은 낮은 자리에 있는 사람에게 고마움을 느껴야 한다.

리더는 자신이 높이 올라갈수록 그것이 낮은 자리에 있는 사람들의 덕임을 알아야 한다.

중국 위(魏)나라의 공자 무기(無忌)는 소왕(昭王)의 막내아들이다. 소왕이 죽고 안희왕이 즉위했을 때, 그는 신릉군(信陵君)에 봉해졌다.

신릉군은 부귀한 몸이지만 빈천한 선비들에게까지 겸손하였다. 그는 유능한 인물이면서 자신보다 못난 사람들에게 머리를 숙여 더욱 존경을 받았다.

나이 칠순이 된 후영이란 선비가 있었는데, 그는 그때까지도 이문(夷門)의 문지기 노릇을 하고 있었다. 신릉군은 그가 현명하다는 이야기를 듣고 후한 예물을 보내 빈객으로 초청하였다.

후영은 예물을 받지 않고 다음과 같이 말하였다.

"저는 몸을 수양하고 행동을 조심하며 수십 년을 살아왔습니다. 그러므로 제가 지금 곤궁하다 하여 공자의 재물을 받을 수는 없습니다."

그러자 신릉군은 빈객들을 모아 술잔치를 베풀게 하고, 자신이 직접 가서 후영을 수레의 상석(上席)인 왼쪽에 앉게 하였다.

이때 예물조차 받지 않은 후영은 사양 한번 하지 않고 성큼 수레의 상석에 올라앉았다. 신릉군은 말고삐를 잡은 채 더욱 정중하게 후영을 대하였다.

후영이 신릉군에게 말하였다.

"제가 잘 아는 사람 중에 저자거리에서 푸줏간을 하는 주해(朱亥)라는 친구가 있습니다. 잠시 그 친구를 만나고 가시지요."

신릉군은 직접 수레를 몰고 저자거리로 들어섰다.

잠시 수레에서 내린 후영은 백정노릇을 하는 친구 주해를 만나 무슨 이야기인가를 나누었다. 그는 사방을 곁눈질하며 오랫동안 이야기를 하면서, 신릉군의 얼굴빛을 살폈다.

그러나 수레에 앉아 말고삐를 잡은 채 기다리고 있는 신릉군의 얼굴에선 아무런 동요도 일어나지 않았다. 오히려 그 얼굴빛은 시간이 갈수록 더욱 온화해지는 것이었다.

한편 신릉군을 따르던 하인들은 자신의 주군을 오래도록 기다리게 하는 후영을 못마땅한 얼굴로 쳐다보았다.

집에서는 지금 한창 주연을 벌이기 위해 위나라 장상(將相)들과 종실(宗室), 빈객들이 모여 신릉군을 기다리고 있을 것이었다. 그것을 아는지 모르는지 후영은 계속해서 주해와 이야기를 하고 있었다. 그때 저자거리의 많은 사람들이 몰려들어 신릉군의 행차를 구경하였다.

뒤늦게 집에 도착한 신릉군은 연회석상으로 나갈 때도 후영을 상석에 모셨다. 주연이 한창 무르익었을 때, 후영이 신릉군에게 술잔을 올린 후 말하였다.

"오늘 제가 공자님께 무례를 범하였습니다. 용서해 주십시오."

"용서라니요? 무슨 무례를 범했다고 그러십니까?"

신릉군은 웃는 낯으로 물었다.

"저자거리에서 무례하게도 제 친구 주해와 너무 오래도록 이야기를 나누지 않았습니까?"

"그것을 무례라고 할 수 있나요? 그런데 한 가지 궁금한 것이 있습니다. 옆에서 들어보니 두 분이 하는 이야기가 별로 중요한 것 같지는 않던데요?"

후영이 말하였다.

"맞습니다. 저는 그때 공자님께서 어떤 인품인지 한번 시험해본 것뿐입니다. 그래서 일부러 할 이야기도 없는데 일부러 그 친구와 긴 시간을 끌면서 잡담을 나누었습니다. 그런데 과연 공자님께서는 대단한 인품의 소유자십니다. 다른 사람 같으면 벌써 화를 내고 저 같은 것은 안중에도 없이 혼자 가버렸을 것입니다."

"허허허, 현명한 선비를 모시려면 그 정도 시간이야 기다릴 수 있어야지요."

"아닙니다. 그곳에서는 저자거리의 많은 사람들이 지켜보고 있었습니다. 그 사람들은 모두 제가 하찮은 문지기이고, 제 친구가 푸줏간을 하는 백정이라는 사실을 알고 있습니다. 그런데 사람들은 수레에 앉아 저를 기다리고 있는 분이 누구인지도 잘 알고 있었습니다."

"아마 그랬을 테지요."

"사실을 말씀드리면, 제가 저자거리에서 취한 행동은 공자님의 명예를 높여드리기 위한 것이었습니다."

후영의 말을 듣고 신릉군은 의아한 표정을 지으며 물었다.

"명예를 높이다니요?"

"이제 저자거리의 사람들은 저를 보고 소인배라고 욕할 것이고, 공자님을 성인이라 하여 더욱 존경할 것입니다. 그러니 오늘 낮의 일로 해서 공자님의 명예는 더욱 높아질 것입니다."

신릉군은 감탄하였다.

"과연 그렇군요. 자신을 낮추면서까지 저의 명성을 높여주신 선비님의 깊은 심중은 헤아릴 길이 없습니다."

그후부터 신릉군은 후영을 더욱 존경하게 되었다.

어린이 놀이터의 시소는 자신이 낮아지면 상대가 올라가고, 상대가 낮아지면 자신이 올라가게 되어 있다. 낮음과 높음의 이치는 이와 같다. 시소의 원리를 이용하면 자연적으로 낮은 자리의 사람 때문에 상대의 명예가 더욱 올라감을 알게 되고, 높은 자리의 사람은 자신을 낮춰 상대를 더욱 높여주려고 애쓰게 될 것이다. 한 번은 높이고, 한 번은 낮추는 공평한 시소 게임 속에 리더가 갖추어야 할 자세가 숨어 있다.

너무 강하면 부러진다

질도

아무리 법이 옳다고 해도, 거기 사람의 마음이 들어가 있지 않다면

그것은 죽은 법이다. 따라서 '법대로 한다,'는 말처럼 무모한 것도 없다.

법은 인간이 질서를 지키기 위해 만든 것인데, 오히려 인간이 법에 종속되어

질곡에 빠지는 경우가 많다. 질도는 너무 법을 내세우다 스스로

그 올가미에 걸려든 사람이다.

＊

리더십은 한마디로 '조화'다. 적절한 농도를 맞추고 수위 조절로 균형을 잡아줘야 한다. 너무 강하게 나가도 안 되지만, 너무 부드럽게만 나가도 리더로서는 자격 미달이다.

질도는 중국 양(梁)나라 사람인데 한(漢)나라 문제(文帝) 때 낭관(郎官)으로 벼슬을 시작하였다. 경제(景帝) 때는 낭관의 장인 중랑장(中郎將)이 되었는데, 그는 일을 할 때 정면으로 중신들을 비판하였다. 뿐만 아니라 경제에게도 거침없이 의견을 말하였다.

어느 날 경제가 상림원(上林苑)에 행차하였을 때였다. 마침 황제의 총애를 받던 가(賈)부인이 뒷간에 갔을 때, 갑자기 숲속에서 나타난 멧돼지가 그곳으로 뛰어든 일이 있었다.

이때 경제는 질도에게 가부인을 구하라고 눈짓을 하였으나, 질도는 몸으로 황제를 막아선 채 꼼짝도 하지 않았다. 이에 경제는 다급한 나머지 자신이 무기를 들고 가부인을 구하기 위해 뒷간으로 뛰어들려고 하였다.

그러자 급히 질도가 경제 앞에 엎드리며 말하였다.

"폐하! 안 됩니다. 지금 부인을 잃는다 해도 새로 맞이하면 됩니다. 그러나 폐하께서 거동하시다 만일의 변을 당하신다면 종묘사직을 어떻게 지킬 것이며, 태후께는 무슨 면목으로 대하겠습니까?"

경제는 멈칫하였다. 다행히도 가부인은 안전하였고, 멧돼지는 다른 곳으로 달아나 버렸다.

이 소문을 들은 경제의 어머니 두태후(竇太后)는 질도에게 금 1백 근을 내렸다.

아무튼 질도는 그 사건으로 인하여 경제의 두터운 신임을 받았다. 그 무렵 제남군(濟南郡)에서 호족인 간씨들이 불법을 저지르며 천하를 멋대로 주무르고 있었다. 조정에서 여러 번 제남군에 태수를 보냈지만, 아무도 간씨 세력을 통제하지 못하였다.

경제는 질도를 제남의 태수로 보냈다. 제남 태수가 된 질도는 임지에 도착하자마자 다짜고짜로 간씨의 우두머리를 붙잡아다 사형에 처해 버렸다. 법에 조금이라도 저촉되는 행위를 한 자들에게는 중형의 벌을 주었다. 이렇게 1년이 되자 감히 반항하는 간씨 세력들이 한 명도 없었으며, 다른 범죄조차 자취를 감추었다. 길바닥에 물건이 떨어져 있어도 자기 것이 아니면 줍지 않았다.

"나는 부모의 반대를 무릅쓰고 이 길을 택한 사람이다. 그러니 직무에 충실히 몸을 바치고 직무를 위해 죽는 것만이 나의 소망이다."

질도는 공개적으로 이렇게 말하였다. 그는 공무에 관하여 엄정하였으며, 촌지를 받는 일도 없었다. 심지어 그는 공무에 너무 열중하여 처자도 제대로 돌보지 않았다.

사람들은 이러한 질도를 보고 '보라매'라고 불렀다. 이것은 당시 '융통성이 없는 가혹한 관리'를 빗대어 쓰는 용어였다. 매사를 엄혹하게 법에 따라 처리하였으므로, 그는 황실이나 고귀한 신분 따위를 결코 따지지 않았다.

경제의 아들인 임강왕(臨江王)이 죄를 저질러 소환되었을 때였다. 마침 그때 질도는 중위부(中尉府)의 책임자로 있었는데, 임강왕의 취조를 중위부가 담당하게 되었다. 이때 임강왕은 아버지 경제에게 사과를 하기 위해 서신을 작성하였는데, 잘못 쓴 글자가 있어 질도의 부하에게 글씨를 긁어낼 수 있는 칼을 빌려 달라고 하였다. 그러자 그것을 본 질도가 법으로 금지되어 있는 일이기 때문에 칼을 빌려주어서는 안 된다고 못박았다.

이때 임강왕의 교육을 담당한 적이 있던 위기후(魏其侯) 두영이 질도 몰래 칼을 넣어주었다. 그런데 임강왕은 경제에게 보내는 서신을 다 쓴 후 그 칼로 자살해 버렸다.

두영은 두태후의 조카였다. 그는 두태후에게 가서 질도의 각박함을 일러바쳤다. 화가 난 두태후는 질도에게 거짓 죄를 뒤집어씌워 면직시켜 버렸다.

질도가 면직되어 집으로 돌아갈 때, 경제는 급히 사자에게 부절을 들려보내 그를 안문군(雁門郡) 태수로 임명하였다. 두태후의 노여움을 고려하여 조정에 들지 않고 곧바로 현지로 가도록 배려한 것이었다.

안문군은 호시탐탐 흉노들이 침입하여 약탈을 일삼는 변방이었다. 질도가 태수로 부임하자, 소문을 들어 그의 강박함을 익히 알고 있는 흉노들은 군사를 거두어 북쪽으로 철수해 버렸다. 당시 흉노군들이 얼마나 질도를 두려워했는지, 질도 형상의 인형을 만들어 말을 달리며 활로 그것을 쏘는데 아무도 맞히는 자가 없었다.

한편 두태후는 경제에게 질도를 법대로 처벌해야 한다고 계속 주장하였다.

"질도는 충의가 있는 신하입니다."

경제가 질도를 두둔하고 나섰다.

"그러면 임강왕은 충의가 없었단 말이오?"

두태후의 노기는 좀처럼 가라앉지 않았다. 경제도 더 이상 어머니의 고집을 꺾을 수가 없었다. 결국 질도는 참형에 처해졌다.

아무리 법이 옳다고 해도, 거기 사람의 마음이 들어가 있지 않다면 그것은 죽은 법이다. 따라서 '법대로 한다'는 말처럼 무모한 것도 없다. 법은 인간이 질서를 지키기 위해 만든 것인데, 오히려 인간이 법에 종속되어 질곡에 빠지는 경우가 많다. 질도는 너무 법을 내세우다 스스로 그 올가미에 걸려든 사람이다. 너무 강하면 부러지는 법이다.

법치주의의 맹점은, 그 행위가 맹목성을 띨 때의 위험성에 있다. 따라서 법치주의보다 우선되는 것이 인간주의다. 법보다 인간이 우위에 놓여야만 되는데, 간혹 인간 위에서 법이 찍어 누르는 형국이 되는 경우를 종종 본다. 법을 잣대로 삼아 모든 일을 재단하려는 사람은 결국 질도와 같은 최후를 맞이할 수밖에 없다.

큰 꿈과 큰 그릇의 차이

진승

케이오 펀치를 잘 날리는 권투선수는 상대 선수의 배가 아닌, 그 배를 관통하고 나간 등을 겨누어 주먹을 날린다고 한다. 즉 목표를 실제보다 크게 잡아야, 겨우 그 목표에 도달할 수 있다는 이야기다.

꿈도 마찬가지다. 큰 꿈을 꾸면 작은 꿈을 꾸는 사람보다 더 큰 성공을 거둘 수 있다.

✳

꿈은 클수록 좋다. 그러나 그 꿈이 이루어져 높은 자리에 앉더라도 그릇이 작으면 그 자리를 오래 지키지 못한다. '그릇'은 그 사람의 능력과 인격을 말하는 것이다. 큰 꿈도 좋지만 그릇이 커야 진정한 성공을 거둘 수 있다. 그러므로 리더는 큰 꿈보다 먼저 그릇이 커야 한다. '창업(創業)'보다 '수성(守成)'이 어렵다는 것도 그런 뜻에서 나온 말이다.

중국 진(秦)나라의 폭정에 대항하여 최초로 반역의 기치를 든 것은 가난한 농민 출신의 진승(陳勝)과 오광(吳廣)이었다. 그들의 봉기는 삽시간에 요원의 불길처럼 타올라 여기저기서 제후들이 반기를 들게 만드는 계기가 되었으며, 결국 진나라는 이때부터 패망의 길로 접어들었다.

진승은 젊었을 때 남의 집 머슴살이를 하고 있었다. 어느 날 밭에서 일을 하던 그는 잠시 밭둑에 나와 쉬고 있다가, 문득 자신의 초라한 인생살이에 진절머리가 났다.

"이대로는 안 되겠어. 어차피 한번 죽을 바에야 나도 출세를 해야지."

진승은 한숨을 쉬다 말고 어떤 결심이 선 듯 주먹을 움켜쥐며 말했다. 그때 마침 옆에 있던 동료 머슴 하나가 코웃음을 쳤다.

"웃기는 소리 그만 좀 하게. 머슴을 사는 주제에 출세는 무슨 놈의 출세?"

"참새가 어찌 홍곡의 큰 뜻을 알겠느냐? 내가 출세를 하더라도 옛친구는 결코 잊지 않겠네."

진승은 동료 머슴의 등을 투덕거려 주었다. 홍곡(鴻鵠)이란 기러기와 뜸부기를 뜻하는 말로, 동료가 자신의 큰 뜻을 몰라준다는 것을 비유해서 쓴 말이었다.

진나라 2세황제 원년 7월, 진승과 오광은 분대장이 되어 국경 경비대로 동원되어 가는 9백여 명의 군사들을 이끄는 책임을 맡고 있었다. 그러나 도중에 큰비를 만나 행군이 지연되는 바람에 기일 내에 목적지에 도착할 수 없게 되었다. 당시 군법은 엄해서 만약 기일 내에 목적지에 당도하지 못하면 책임자는 목이 잘리는 형벌을 받아야 했다.

"이래 죽으나 저래 죽으나 마찬가지다. 이대로 도망쳐도 잡힐 것이고, 행군을 계속해도 기일 내에 못 가니 죽을 것이고, 에이 우리 이왕 죽을 바엔 나라를 한번 발칵 뒤집어보고 죽자."

진승이 오광에게 말하였다.

"천하가 진나라 밑에서 괴로움을 당한 지도 이미 오래되었소. 내가 듣기로 2세황제는 형 부소를 죽이고 제위를 빼앗았다 하오. 그러나 대부분 백성들은 부소가 현명하다는 얘기는 들었으나, 그가 죽었다는 사실은 잘 모르고 있습니다. 또 항연(項燕)은 초나라 장군이 되어 큰 공훈을 세우고 부하들을 사랑하여 초나라 사람들이 그를 높이 받들었으나 죽었다고도 하고 혹은 어디론가 도망갔다고도 합니다. 지금 우리가 거짓으로 부소와 항연을 사칭하고 진나라에 반기를 들고 거사하면 호응하는 사람들이 많을 것이오."

오광도 이렇게 말하며 곧 진승의 의견에 동조하였다. 그래서 두 사람은 우선 점술가를 찾아갔다. 이들의 야망을 눈치 챈 점술가는 다음과 같이 말했다.

"지금 모의하고 있는 일은 틀림없이 성공합니다. 그러나 당신들은 귀신이 됩니다."

진승과 오광은 이 같은 점술가의 말을 듣고 좋아하였다. 그러나 점술가의 점괘에 나오는 '귀신' 이란, 그들이 곧 죽는다는 이야기였다.

그런데 진승과 오광은 '귀신' 이란 바로 귀신의 힘을 빌어 사람들로 하여금 꼼짝 못하고 복종케 하라는 뜻으로 결론을 내린 후, 다음과 같은 계략을 짰다. 그는 '진승이 왕이 될 것이다' 라고 붉게 쓴 헝겊 조각을 어부의 그물에 걸린 물고기 뱃속에 슬쩍 집어넣어 두었다. 그 물고기를 어느 병사가 사다가 요리를 하기 위해 배를 갈랐고, 그 속에서 나온 해괴한 글자에 대한 소문은 병사들 사이에 퍼져 나갔다.

진승은 또 다른 계략을 꾸몄다. 군대가 야영을 하고 있는 숲속 근처에는 마침 사당이 하나 있었는데, 오광을 잠복시켜 도깨비불을 피우고 여우 목청을 내어 다음과 같이 외치게 하였다.

"초나라가 일어난다, 진승이 왕이 될 것이다!"

이 소리를 들은 병사들은 밤새 잠을 못 이루다가 날이 새자 진승을 따르겠다고 나섰다.

진승은 초나라 풍습대로 오른쪽 어깻죽지를 드러내고, 제단을 마련하여 나라를 일으키는 의식을 가졌다. 그리고 국호를 '대초(大

楚)’라 하고, 진승은 스스로 장군이 되었으며 오광은 도위(都尉)에 올랐다.

진승의 군사는 점점 더 그 세력이 불어났다. 병거(兵車) 7백, 기병 1천여 명, 병졸이 수만 명에 이르렀을 때 여러 고을의 책임자인 원로와 유력자들이 모였다. 그들은 이렇게 말했다.

"장군께서는 몸소 칼을 잡고 나서서 천하의 무도한 무리들을 내몰고, 폭정을 벌하고, 초나라를 다시 일으켰습니다. 그런 공적을 보더라도 왕위에 오르시는 것이 마땅합니다."

진승은 이를 받아들여 왕위에 오르고 국호를 다시 '장초(張楚)'라 고쳤다.

새로 세운 초나라의 진왕(陳王)이 된 그에게 옛날 머슴살이 할 때의 동료가 찾아왔다. 궁궐 문을 지키던 수문장이 들여보내지 않자, 그 머슴은 진왕이 외출하기를 기다리고 있다가 결국 만났다.

"섭아!"

머슴은 진왕의 옛날 이름인 섭(涉)이라고 호칭하였다.

"오! 너로구나? 이 수레에 오르거라."

진왕은 자신의 수레에 머슴을 태웠다.

궁궐을 돌아본 머슴이 눈을 휘둥그레졌다.

"이거 진짜 엄청나구먼? 섭이 너 정말 출세했구나? 이 집은 대체 어디까지 뻗쳐 있는 거냐?"

머슴은 궁궐을 큰 집으로 생각하고 그저 입만 딱 벌리고 있었다.

이처럼 머슴은 그냥 진왕을 옛날 친구로만 대하였다. 그 뒤부터 궁중 출입을 마음대로 하며 방자한 행동을 멋대로 하고, 또 아무나 붙들고 진왕이 자신과 함께 머슴살이하던 시절의 이야기를 마구 지껄여댔다.

"그 시골 사람은 정말 곤란합니다. 그자가 안하무인으로 마구 떠벌리고 다니는 것은 왕의 위엄을 손상시킬 뿐입니다."

어느 날 진왕에게 이렇게 진언하는 사람이 있었다.

진왕은 결국 그 머슴을 붙잡아다 처형토록 하였다. 그 뒤부터 진왕의 옛날 친구들은 자취도 없이 사라졌다. 진왕은 외로움을 느끼기 시작하면서 점차 오만해지기 시작하였다. 가령 장수가 적지를 정복하고 돌아와도 진왕의 명령대로 평정하지 못하면 죄인이라 하여 포박토록 하였다. 그 때문에 장수들도 진왕을 가까이 하지 않으려고 했다.

장수들이 따라주지 않았기 때문에 진왕은 진나라 장군 장한(章邯)의 군대에 대패하여 쫓기는 몸이 되었다가, 그의 마부인 장가(莊賈)에게 살해당했다. 장가는 진왕을 죽이고 나서 진나라에 항복하였다. 결국 진왕은 즉위 6개월 만에 죽고 말았다.

케이오 펀치를 잘 날리는 권투선수는 상대 선수의 배가 아닌, 그 배를 관통하고 나간 등을 겨누어 주먹을 날린다고 한다. 실제로 주먹은 배를 강타하지만, 그의 마음속에서는 자신의 주먹이 상대 선수의 배를 뚫고 나가 등을 가격하는 느낌이 들도록 깊숙하게 찌른다는 것이다. 즉 목표를 실제보다 크게 잡아야, 겨우 그 목표에 도달할 수 있다는 이야기다.

꿈도 마찬가지다. 작은 꿈은 작은 성공밖에 거두지 못하지만, 큰 꿈을 꾸면 설사 그 목표에 도달하지 못한다 하더라도 작은 꿈을 꾸는 사람보다 더 큰 성공을 거둘 수 있다.

그러나 그러한 성공은 1차 목표라고 할 수 있다. 진정한 성공은 그 자리를 오래도록 유지, 발전시켜 나가는 데 있다. 그것은 큰 그릇을 가지고 있는 사람만이 가능하다. 따라서 리더의 조건은 큰 꿈과 큰 그릇을 함께 가지고 있어야 한다.

넓은 세상일수록 기회가 많다

이사

사람의 잘나고 못난 것을 비유하면, 저 창고 속의 쥐와
뒷간 속의 쥐가 처한 것과 같구나. 이 세상 모든 일이
스스로 처한 환경에 달려 있다는 것을 이제야 알겠구나.

*

흔히 자리가 사람을 만들어준다는 말이 있듯이, 그가 처한 상황에 따라 사람의 운명이 달라질 수 있다. 주변 환경이 사람을 그만큼 변화시킨다는 이야기다. 그래서 태생을 중요하게 여기고 집안과 자라온 내력을 따지는 것이다.

작은 세상에서는 시야가 좁아 작은 세상만 볼 수 있을 뿐이다. 좀더 넓은 세상으로 나가야 시야가 트이고 생각이 달라지며 그만큼 성공할 기회도 많아진다.

중국은 우선 땅덩어리가 크고 인구가 많다. 세계적으로 이만한 시장을 찾기가 쉽지 않다. 넓은 시장에 가야 돈을 벌 수 있다는 생각 때문에 많은 사람들이 요즘 중국으로 몰려들고 있다.

진시황(秦始凰)이 진나라를 통일하기 전에 중국에는 많은 제후들이 각자 작은 나라들을 거느리고 있었다. 그 당시 이사(李斯)는 초(楚)나라 출신인데, 젊어서 군(郡)의 하급 관리로 일했다.

어느 날 이사는 아전 숙소의 뒷간에 갔다가 똥을 뒤지던 쥐들이 인기척에 놀라 도망가는 것을 보았다. 뒷간의 쥐들은 몰래 다니며 더러운 오물만 주워 먹다가, 사람이나 개가 나타나면 꽁지 빠지게 도망치는 것이었다.

또 어느 날인가 이사는 창고에 들어갔다가 곡식을 먹는 쥐들을 보았다. 그런데 창고 속의 쥐들은 가득 쌓여 있는 곡식을 먹으며 짐짓 여유까지 부렸다. 물론 창고 속의 쥐들도 인기척에 놀라 도망을 치기는 하였지만, 잠시후에 눈치를 슬슬 보며 구멍 속에서 다시 기어 나오는 것이었다.

"아아, 사람의 잘나고 못난 것을 비유하면, 저 창고 속의 쥐와 뒷간 속의 쥐가 처한 것과 같구나. 이 세상 모든 일이 스스로 처한 환경에 달려 있다는 것을 이제야 알겠구나."

이사는 조그만 군에서 하급 관리 노릇이나 하는 자신의 처지를 한탄하였다.

그 뒤 이사는 큰마음을 먹고 순자(荀子)를 찾아가 천하를 다스리는 제왕학(帝王學)을 배웠다. 학문을 다 배우고 난 그는 가만히 생각해 보았다. 당시 초나라 왕은 자신이 섬기기에 부족한 인물 같았다. 그렇다고 6국(六國)은 약소국이라 섬겨서 공을 세울 만한 인물을 찾기가 어려웠다. 그는 당시의 강대국인 진나라로 가기로 하였다.

마침 그 무렵 진나라는 장양왕이 죽고, 그의 아들 정(政)이 즉위하였다. 이사는 우선 진나라 정승인 문신후(文信侯) 여불위를 찾아가 식객으로 머물렀다.

여불위는 이사를 눈여겨보다가 현명한 인물임을 간파하고, 그를 낭관(郎官)에 임명하였다. 그리하여 이사는 진나라 왕을 만날 수 있는 기회를 얻었다.

"옛날 진나라 목공(穆公)은 패자(覇者)가 되었으면서도 끝끝내 동쪽으로 6국을 쳐서 병합하지 못했습니다. 그것은 제후들의 숫자가 많고 주(周)왕실의 덕이 아직 쇠퇴하지 않았기 때문입니다. 그러나 지금의 상황은 다릅니다."

이렇게 말하며 이사는 진나라 왕을 쳐다보았다. 진의를 탐색하려는 것이었다.

"무엇이 다르다는 거요?"

"진나라 효공(孝公) 이후 주왕실은 쇠퇴를 거듭하였고, 제후들이 들고일어나 나라를 병합하여 관동(關東)의 6국만 남았습니다. 반면 진나라는 승세를 타고 앉아 제후들을 다스려 온 것이 이미 6세(六世)나 되었습니다."

진나라 왕은 이사의 말을 듣고 따져보았다. 과연 효공 때부터 시작하여 혜문왕(惠文王) · 무왕(武王) · 소왕(昭王) · 효문왕(孝文王) · 장양왕(莊襄王)까지 6대에 걸쳐 진나라는 강국으로 제후국들에게 위엄을 보여온 것이 사실이었다.

"그래서 그대는 지금 무엇을 말하려고 하는 거요?"

"지금 제후들이 진나라에 복종하는 것을 보면, 마치 제후국은 진나라의 한 군현(郡縣)과 같습니다. 진나라의 강성함과 대왕의 현명하심은 마치 밥하는 하녀가 부엌의 솥뚜껑 위에 앉은 먼지를 쓸어내는 것보다 쉽게 제후국들을 멸망시킬 수 있습니다. 이것은 1만 년에 한 번 있을까 말까 한 절호의 기회입니다. 지금 게을리 하여 급히 성취하지 않는다면 제후들이 다시 강성해지고, 또한 서로가 합종을 하게 되면 그 기회를 영원히 놓치고 맙니다."

이사의 말에 진나라 왕은 매우 기분이 좋았다. 그래서 이사를 당장 비서실장격인 장사(長史)로 등용하여 가까이 두었다.

한편 제후국들은 점점 강해지는 진나라가 두려워졌다. 제후국 중의 하나인 한(韓)나라는 진나라를 교란시키기 위하여 정국(鄭國)

이라는 사람을 몰래 파견하였다. 정국은 진나라 왕을 설득하여 관개용수(灌漑用水)를 만들게 함으로써 국고를 바닥나게 하였으며, 부역으로 백성들의 불평불만이 늘어나도록 하였다. 그 음모가 발각되자 진나라 종실과 대신들이 왕에게 다음과 같이 간언하였다.

"제후의 나라에서 온 사람들 중에서 대왕을 섬기는 자들은 대체로 자기 나라를 이롭게 하는 계략만 내놓고 있습니다. 청컨대 모든 객인을 쫓아버리십시오."

이사도 초나라 사람이기 때문에 대신들이 추방하라고 주청한 객인의 명단에 들어 있었다.

위기를 느낀 이사는 곧 진나라 왕에게 다음과 같은 상서를 올렸다.

'어찌하여 구슬이나 음악은 다른 나라 것을 가져다 즐기면서 사람만은 별도로 취급하려 드는 것입니까? 다른 나라 사람이라 하여 그 사람의 됨됨이를 보지 않고 무조건 추방한다는 것은 잘못입니다. 이것은 다시 말하면 사람보다 구슬이나 음악을 더 중하게 여긴다는 것에 다름 아닙니다. 이러한 좁은 생각으로 어찌 천하통일의 위업을 달성할 수 있겠습니까?'

"이런! 과인을 아주 생각이 좁은 위인으로 몰아붙이는구먼!"

혼잣말로 이렇게 말했지만 진나라 왕은 매우 흡족한 표정을 짓고 있었다.

이사의 상서는 계속되었다.

'토지가 넓으면 수확량이 많습니다. 나라가 크면 사람들이 많습니다. 군대가 강하면 병사가 용감합니다. 큰 뜻을 품으려면 도량이 넓어야 합니다. 태산은 한 줌의 흙도 버리지 않기 때문에 가장 높이 솟을 수 있는 것입니다. 그리고 황하나 바다는 아무리 작은 시냇물이라도 버리지 않고 다 받아들이기 때문에 그 많은 수량을 유지할 수가 있습니다. 왕자(王者)도 역시 마찬가집니다. 어떠한 신분의 사람이라도 거절하지 않음으로써 훌륭한 정치를 할 수 있습니다.'

"백 번 옳은 말이다!"

진나라 왕은 상서를 읽어 내려가다 말고 무릎을 탁 쳤다.

상서를 다 읽고 나서 진나라 왕은 종실과 대신들의 간언을 듣지 않았으며, 이사의 책략대로 제후들을 모두 굴복시켰다. 그 공적으로 이사는 객경(客卿)의 벼슬에 올랐다. 다른 나라에서 온 사람으로 최고의 벼슬인 재상이 된 것이었다. 진나라는 곧 천하를 통일하였으며, 왕은 스스로 격을 높여 '진시황'이라 칭하였다.

만약에 이사가 시골구석에서 하급 관리로 계속 머물러 있었다면 진나라 재상이 될 수 없었을 것이다. 물론 말년에는 권력욕에 눈이 멀어 치욕스런 죽음을 맞이하기는 하였지만, 그는 스스로 처한 곳에 따라 사람의 운명이 달라진다는 것을 실증적으로 보여준 인물이다.

김우중이 '세상은 넓고 할 일은 많다'고 하였던 것처럼 '시장이 넓으면 사고 팔 일이 많은 법'이다. 중국시장은 넓고 크며 전 세계가 주목하고 있는 곳이다. 가까운 미래에 전 세계의 달러가 중국시장으로 몰려들지도 모른다. 큰물에서 노는 고기가 큰 법이다.

목표 의식이 뚜렷해야 성공한다

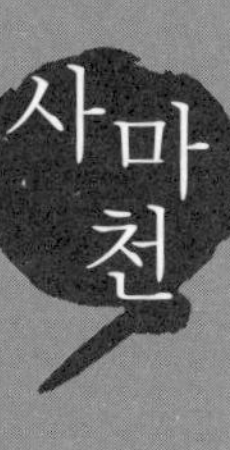

사마천에게 반드시 「사기」를 완성해야 한다는 목표 의식이 없었다면

그는 사형을 선택했을 것이다. 그러나 그는 뚜렷한 목표가 있었기 때문에

수치스런 궁형을 스스로 받았으며, '끝내는 목표를 달성하고야 말았다.

사람이 어떤 길을 갈 때는 반드시 목적지가 있다. 만약에 목적
지가 뚜렷하지 않다면 가다가 중도에 포기를 하여 주저앉거나 되돌
아올지도 모른다. 그러나 목적지가 뚜렷하고 반드시 해야 할 일이
있다면 목숨을 걸고라도 가야 한다.

기업을 하는 사람도 마찬가지다. 막연하게 돈을 벌고 싶다는 생
각에서 사업을 하는 사람은 성공하기 쉽지 않다. 반드시 기업을 일
으켜 뭔가를 이루겠다는 뚜렷한 목표가 있어야만 포기하지 않고 불
철주야 노력을 한다.

한(漢)나라 무제(武帝) 시대에 활약한 사마천(司馬遷)은 조부 때
부터 대대로 역사의 기록을 관장하는 사가(史家)의 전통을 가진 집
안에서 태어났다. 그의 아버지 사마담(司馬談) 역시 태사령(太史
令)의 벼슬을 지낸 사관이었다.

어린 시절 사마천은 아버지로부터 중국 역사를 배우며 자라났
다. 20세가 되었을 때는 사관인 아버지를 따라 한나라 전역을 떠돌
며 사적(史蹟)을 견학하였다.

어느 핸가 황제의 행차를 따라갔던 사마담은 도중에 병이 들어
객지에서 죽게 되었다. 그때 그는 곁에 있던 아들 사마천에게 말하
였다.

"나는 오래 전부터 중국의 역사를 저술하기 위해 준비해 왔다.
그런데 이렇게 객사를 하게 되었으니 원통하구나. 네가 나를 대신

하여 중국의 역사를 완성시켜다오. 부디 내 한을 풀어다오."

아버지의 이와 같은 간곡한 부탁에 사마천은 눈물을 흘리며 맹세하였다.

"네, 아버님! 제가 반드시 중국의 역사를 기술하여 아버님의 한을 풀어드리겠습니다."

사마담이 죽은 후 사마천은 아버지의 뒤를 이어 태사령에 임명되었다. 그의 나이 38세 때였다. 그는 관직을 받자마자 곧 아버지가 당부한 『사기』를 저술하기 위해 자료 수집에 착수하였다. 전에 아버지가 모아놓은 자료만 가지고는 부족하였던 것이다. 그로부터 4년 후 그는 본격적인 『사기』의 집필 작업에 착수할 수 있었다.

그런데 사마천의 나이 47세 때였다. 이사장군(貳師將軍) 이광리(李廣利)를 따라 흉노 정벌에 나섰던 이릉(李陵) 장군이 적의 포로가 되고 말았다. 군사 5천을 끌고 적진에 들어갔다가 8만의 흉노군에게 포위를 당하였으니 사로잡힐 수밖에 없었던 것이다.

이때 무제는 적군의 포로가 된 이릉에게 죄를 물어 그의 가족을 모두 감옥에 가두었다.

"신 사마천 감히 아뢰옵니다. 5천의 군사로 8만의 적을 무찌를 수는 없사옵니다. 중과부적입니다. 이릉이 아니라 천하 명장이라 하더라도 그 싸움에서는 이길 수가 없는 것입니다. 그러니 이릉의 가족을 처벌하는 것은 온당치 않은 일이라 사료되옵니다."

사관으로서 정의감에 불탔던 사마천은 무제에게 감히 나서서 직언을 한 것이었다.

그런데 이때 이광리를 감싸고돌던 벼슬아치들이 들고일어났다.

"지금 태사령은 이릉의 사건을 빌어 이사장군 이광리를 비난하고 있는 것입니다. 흉노에게 사로잡힌 이릉은 지금 적의 훈련대장이 되어 있다고 합니다. 태사령 사마천이 이를 감싸고도는 것은 흉노와 내통하고 있다는 증거이니, 저자 역시 감옥에 가두어야 하옵니다."

한두 명이 아니고 여러 명의 벼슬아치들이 이렇게 고하자, 무제도 어쩔 수 없이 사마천을 감옥에 가두었다.

이릉이 역적으로 몰렸으므로 그의 가족은 물론 그를 두둔하고 나선 사마천까지도 역적이 된 것이었다. 당시 역적은 무조건 사형에 처해지게 되어 있었다.

졸지에 뜻하지 않은 일로 사형을 당하게 된 사마천은 눈앞이 캄캄하였다. 죽는 것은 두렵지 않으나 아버지가 신신당부한 『사기』를 다 완성하지 못한 것이 못내 안타까웠던 것이다.

내일 모레면 사형을 당하게 될 처지가 되었을 때 사마천은 눈물을 머금고 결심을 하였다. 어떤 수모를 겪더라도 살아남고 봐야겠다고 생각한 그는, 스스로 궁형(宮刑)을 받기로 하였다. 궁형은 거세를 당하는 형벌로, 당시 한나라에서는 스스로 궁형을 받게 되면 사형수도 죽음을 면할 수 있게 해주었다. 그러나 스스로 궁형을 받는다는 것은 아주 치욕스런 일로, 차라리 떳떳하게 죽는 것만도 못하게 여기던 것이 그 시절의 풍습이었다.

"누가 뭐래도 나는 살아남아야 한다. 그래야만 『사기』를 완성하여 아버님의 한을 풀어드릴 수 있다."

사마천은 궁형을 받으면서 이를 악물었다.

그러나 사마천이 궁형을 받아 집으로 돌아오자, 주위 사람들이 그를 비웃기 시작하였다. 남자 구실도 못하는 병신으로 살아남느니 차라리 죽는 게 낫다며 가까운 친척이나 절친한 친구들도 모두 그를 배척하였다.

그나마 다행스러운 것은 무제가 그의 문장을 아깝게 여겨 중서령(中書令)에 임명한 일이었다. 중서령은 궁정의 의식을 관리하는 환관(宦官)에게 주어지는 벼슬로, 황제의 비서 역할을 맡는 중책이었다. 비록 환관이지만 지위는 재상(宰相) 이상 가는 벼슬이었던 것이다.

사마천은 중서령의 벼슬자리에 있으면서 『사기』 저술 작업에 열성을 다하였다. 주위의 비난에도 불구하고 그는 이를 악물며 참았다.

사마천이 53세 때의 일이었다. 무제를 따라 산동지방을 순회할 당시 익주자사(益州刺史)로 있던 임안(任安)이 사마천 앞으로 편지를 보냈다.

임안은 어린 시절부터 사마천의 절친한 친구였다. 그런데 그 편지의 내용은 당장 칼을 물고 자결하라는 것이었다. 목숨을 구걸하여 거세당한 비겁한 사람을 친구로 둘 수는 없다면서 자신의 진정한 충고를 받아들이라고 비수까지 동봉해 보낸 것이었다.

이때 사마천은 이를 악물고 친구의 편지를 읽었으며, 비수를 한 손에 들고 부르르 떨었다. 정말 그 순간은 친구가 보낸 비수를 입에 물고 앞으로 엎어지고 싶은 심정이었다.

그러나 사마천은 참아냈다. 그 순간 그의 눈앞에 객지에서 죽으면서 『사기』를 완성해 달라고 간곡히 부탁하던 아버지의 얼굴이 떠올랐던 것이다. 자신은 『사기』를 완성하기 전까지 죽을 수도 없는 운명이구나, 하면서 그는 통곡을 하였다.

그로부터 2년 뒤 임안이 어떤 사건에 연루되어 사형 선고를 받고 감옥에 갇혔다. 사마천은 감옥에 있는 친구에게 2년 전의 편지에 대한 답장을 썼다.

'내가 수치스런 궁형을 받으면서 살아남기를 구걸하였던 것은 『사기』 저술 때문이었네. 나는 사람들의 비난을 참으며 그 울분의 감정을 저술하는 작업에 모두 쏟아 부었네. 그리고 이제 130편의 『사기』를 완성하였네. 그러니 『사기』를 완성시킨 것은 내가 아니라 바로 그 수치스런 궁형이었다네.'

만약 사마천에게 반드시 『사기』를 완성해야 한다는 목표 의식이 없었다면 그는 사형을 선택했을 것이다. 그러나 그는 뚜렷한 목표가 있었기 때문에 수치스런 궁형을 스스로 받았으며, 끝내는 목표를 달성하고야 말았다.

성공하는 기업인이 되려면 스스로 목표를 만들어야 한다. 그것도 아주 뚜렷한, 명분이 있는 목표일수록 좋다. 그리고 그 목표를 달성하기 위해 사마천처럼 온몸을 바쳐 노력해야 한다.

리더의 카리스마와 부하의 충정

우맹

리더는 귀가 커야 하고, 부하는 입이 커야 한다.

즉 리더는 '싫은 소리를 새겨듣는 귀'를 지녀야 하고,

부하는 '죽음을 무릅쓰고 옳은 소리를 할 줄 아는 입,'을

가지고 있어야 한다는 말이다.

강력한 리더의 조건은 '카리스마'이고, 훌륭한 부하의 조건은 '충정'이다. 어떤 일을 도모할 때 리더와 부하는 두 몸이면서 하나가 되어야 한다. 각자 개성이 다르고 그 처한 입장에 차이가 있지만 어떤 일을 실천에 옮기는 데는 정신이 일치하여 한다는 이야기다.

'카리스마'는 권위로 아랫사람은 다스리고, '충정'은 존경심으로 윗사람을 떠받든다. 그 두 가지는 이처럼 정반대의 입장에 있으면서도 하나로 통할 때가 있다. '카리스마'는 때로 강력한 힘으로 아랫사람을 누르기도 하지만, 부드러운 덕망으로 감싸주기도 한다. '충정' 역시 무조건 윗사람에게 복종하지만, 때로는 목숨을 내걸고 바른말로 윗사람을 질타하기도 한다. 그런 의미에서 '카리스마'와 '충정'은 하나로 통할 때가 있다는 것이다.

중국 초(楚)나라 장왕(莊王)에게는 사랑스런 말(馬)이 한 마리 있었다. 그 말에게는 늘 아름답게 수놓은 비단옷을 입혔으며, 마구간을 어전(御殿)처럼 꾸미고 침상까지 놓아주었다. 그리고 말먹이도 풀이 아닌 대추와 말린 고기를 썼다.

그러자 말은 너무 영양가가 많은 음식만 섭취하는 바람에 비대해져서 죽고 말았다. 장왕은 너무 슬펐다. 그래서 신하들로 하여금 상복을 입게 하고, 장례도 대부(大夫)에 해당하는 격식을 갖추어 치르게 하라고 명령하였다.

측근의 신하들이 입을 모아 반대를 했지만 장왕은 듣지 않았다.

"이후 과인의 죽은 말에 관하여 더 이상 간하는 자가 있으면 사형에 처하리라."

이 같은 장왕의 명이 떨어지자, 그 다음부터 누구 하나 말에 관하여 이러쿵저러쿵 떠드는 자가 없었다.

궁중 악관(樂官) 중에 우맹(優孟)이라는 사람이 있었다. '우(優)'는 말 그대로 '배우'를 뜻하며, 궁중에 속해 있는 일종의 어릿광대로서 익살 섞인 말로 군주와 대신들을 즐겁게 해주는 신분이었다.

그런데 그 우맹이 왕궁으로 달려가 하늘을 향해 큰소리로 울었다. 장왕이 매우 놀라 통곡하는 이유를 물었다.

우맹이 대답하였다.

"대왕께서는 평소 얼마나 말을 귀여워하셨습니까? 지금 천하에 힘을 자랑하고 있는 대국인 우리 초나라로서는 마음만 먹으면 무슨 일이든지 할 수가 있습니다. 그런데 대왕이 그토록 사랑스러워하던 말이 죽었는데, 고작 대부의 격식으로 장례를 치르라 하시니 너무 초라해 보입니다. 죽은 말의 장례는 아무쪼록 군주의 격식을 갖추어 치르게 하시는 것이 좋겠습니다."

"군주의 격식이라니? 대체 어찌 하자는 말인가?"

장왕은 우맹이 무슨 말을 하려고 그러는지 몰라 잠시 어리둥절한 표정을 지었다.

"우선 관은 옥관(玉棺)을 준비하도록 하고, 그 외부에는 나뭇결이 좋은 가래나무에 아름다운 무늬를 새겨 외관을 짜도록 하십시오. 그리고 그 주위에는 편나무·단풍나무·예장나무 같은 좋은 재목으로 덮는 것입니다. 한편 병사들을 동원하여 능묘(陵墓)를 파게 하고, 노인이나 어린이에겐 흙을 나르게 하십시오. 이렇게 준비를 한 후 장례식 때는 제(齊)나라와 조(趙)나라의 사자로 하여금 앞장 서서 안내를 하게 하고, 한(韓)나라와 위(魏)나라의 사자는 맨 뒤에 서서 장례 행렬을 호위토록 하는 것입니다. 또한 영묘(靈廟)에는 소·돼지·양을 바치고, 만호의 영지(領地)를 말에게 내려주십시 오. 이러한 것이 제후들에게 알려지면 대왕께서는 인간보다 말을 더 높이 여긴다는 찬사를 받게 될 것입니다."

장왕은 그때서야 자신의 잘못을 깨닫고 말하였다.

"과인의 생각이 잘못되었다는 걸 이제야 알았소. 그렇다면 그대 는 말의 장례를 어떻게 치렀으면 좋겠소?"

우맹이 대답하였다.

"그러시다면 도살장으로 보내십시오. 내관은 동(銅)으로 만들 고, 외관은 흙으로 쌓아 만듭니다. 그리고 그 관 속에는 생강과 대 추 등 각종 향신료를 넣고, 밑에는 목란(木蘭) 섶을 갈아야 합니다. 이때 제물로는 쌀을 바치며, 불로 태운 후 사람의 뱃속에 묻는 것입 니다."

장왕은 우맹의 말에 더 이상 가타부타 말이 없었다. 그리고는 태 관(太官)에게 말의 장례를 일임해 버렸다.

이렇게 하여 우맹은 초나라에서 현인(賢人)으로 알려졌다. 당시 재상으로 있던 손숙오(孫叔敖)는 특히 그를 후하게 대접하였다.

손숙오는 자신이 병으로 쓰러져 죽을 때 아들에게 다음과 같은 유언을 남겼다.

"내가 죽으면 가난해질 것이다. 그렇게 되면 우맹을 찾아가, 손숙오의 아들이라고 말하거라."

그리고 몇 년이 지나서 손숙오의 아들은 가난을 면치 못하여 나무를 해다 팔아 겨우 생계를 유지하였다.

아버지 손숙오의 유언대로 아들은 우맹을 찾아갔다.

"당분간 내 집에서 편안히 쉬게나."

손숙오의 유언 내용을 들은 우맹은 그 아들을 잘 대접하였다.

그리고 나서 우맹은 죽은 손숙오가 평소 착용했던 의관을 만들어 입고, 그의 몸가짐과 말씨를 그대로 연습하였다. 그는 남의 흉내를 잘 내는 배우였기 때문에 1년이 지나자 손숙오를 꼭 닮게 되었다.

장왕이 연회를 열었을 때, 우맹은 손숙오로 변장하고 나갔다. 장왕은 죽은 손숙오가 돌아온 줄 알고 깜짝 놀랐다. 나중에서야 우맹이 분장을 한 것을 알고, 그를 재상으로 삼으려 하였다.

우맹이 말하였다.

"집에 돌아가 아내와 의논해야겠습니다. 3일간 말미를 주십시오."

그리고 3일 후 우맹은 다시 장왕을 찾아갔다.

"그래 결심이 섰소?"

장왕이 물었다.

"아내는 이렇게 말했습니다. '초나라에서 재상 같은 것을 하면 안 됩니다. 손숙오 같은 분은 초나라 재상이 되어 충성을 다하고, 사욕을 버리고 나라를 다스렸습니다. 그 때문에 대왕께서는 천하의 패자(覇者)가 될 수 있었던 것입니다. 그렇지만 손숙오는 세상을 떠난 뒤 그의 아들에게 약간의 땅도 남기지 않았기 때문에 지금 아주

가난하여 나무를 해다 팔아 겨우 연명한다고 합니다. 어차피 손숙
오와 같이 될 바에야 자살하는 편이 더 낫습니다.' 이러한 아내의
말을 듣고 보니 저 또한 그렇게 생각되었습니다."

우맹의 말이 끝나자 장왕은 달려와 그의 손을 잡으며 사과하였
다. 그리고는 곧 손숙오의 아들을 불러 4백 호의 영지를 주고, 아버
지의 제사를 잘 차리도록 일렀다.

우맹의 질타를 받아들이는 장왕의 '카리스마' 도 멋스럽고, 장
왕의 제의를 거절하는 우맹의 '충정' 도 아름답다. 이들은 가히 강
력한 리더와 훌륭한 부하의 대표 격이 될 만하다 하겠다.

이처럼 강력한 카리스마를 가진 리더는 훌륭한 부하의 충언에
귀를 기울일 줄 안다. 리더는 귀가 커야 하고, 부하는 입이 커야 한
다. 즉 리더는 '싫은 소리를 새겨듣는 귀' 를 지녀야 하고, 부하는
'죽음을 무릅쓰고 옳은 소리를 할 줄 아는 입' 을 가지고 있어야 한
다는 말이다.

요즘처럼 말만 많고 어지러운 세상에는 진정으로 그러한 리더
와 부하가 그리워진다.

사람이 목적이냐 재물이 목적이냐

맹상군

맹상군의 리더십은 '베푸는 것'이었다. 리더에게 있어서 베푸는 것은
일종의 투자 개념이다. 사람에게 투자하는 것이다.
작은 리더는 돈을 얻는 것을 목적으로 생각하지만, 큰 리더는
사람을 얻는 것을 목적으로 한다.

리더의 주변에는 많은 사람이 모여든다. 이것을 거꾸로 말하면 리더는 많은 사람이 모여들게 하는 특별한 기술이 있다. 그 기술은 넓은 아량 속에서 만들어진다. 많은 사람의 의견을 들을 줄 아는 큰 귀와, 그들을 포용할 줄 아는 넉넉한 마음이 있어야 한다. 거기에 그들의 숙식을 제공할 재물이 있다면 금상첨화가 아닐 수 없다.

중국 제(齊)나라 때의 명재상 맹상군(孟嘗君)의 이름은 전문(田文)이다. 그의 아버지는 제나라 위왕(威王)의 작은아들 전영으로, 위왕 · 선왕 · 민왕 3대에 걸쳐 재상을 지냈다.

전영에게는 40여 명의 아들이 있었는데, 전문은 천첩의 소생으로 5월 5일에 태어났다. 전영은 5월 태생이 불길하다는 속설 때문에 아이를 낳지 못하게 하였으나, 그 어미는 몰래 아들을 낳아 길렀다. 전영은 그 아들이 다 성장하였을 때에서야 그 사실을 알았다.

"내가 전에 5월 태생의 아이는 낳지 말라고 일렀는데, 감히 이 아이를 낳아 기른 것은 무슨 까닭이냐?"

전영이 화를 내어 말하자 전문의 어머니는 어찌할 바를 몰랐다. 그때 옆에 서 있던 전문이 물었다.

"제가 감히 묻겠습니다. 아버님께서는 5월 태생의 아이를 낳아 기르지 못하게 한 까닭이 무엇입니까?"

전영이 말하였다.

"5월에 난 아들은 그 키가 지게문 높이와 같게 되면 그 부모에게 좋지 않다고 하기 때문이다."

"사람은 하늘의 명을 받고 태어나는 것인데 무얼 그리 근심하십니까? 만약 5월에 태어나는 사람이 하늘의 명이 아닌 지게문의 명을 받는다면, 그 지게문을 높이면 그만일 뿐입니다. 그러면 아무 탈이 없을 것입니다."

전영은 아들의 말에 그만 말문이 막혀버렸다.

그러고 나서 얼마 후 전문은 아버지 전영을 찾아와 물었다.

"아들의 아들을 무엇이라 합니까?"

"손자라고 한다."

"손자의 손자를 무엇이라 합니까?"

"현손(玄孫)이라고 한다."

"그러면 현손의 현손은 무엇이라 합니까?"

"알 수 없다."

전영은 엉뚱한 질문을 하는 아들 전문을 의아한 얼굴로 쳐다보았다.

"아버님께서는 제나라 재상으로 세 분의 대왕을 모셨습니다. 그러나 그동안 제나라 영토는 더 이상 확장되지 않았는데, 아버님의 재산은 천만금이 축적되었습니다. 뿐만 아니라 아버님의 문하에는 단 한 명의 어진 사람도 없습니다. 옛말에 '장군 가문에서 장군이 나고, 재상 가문에서 재상이 난다' 고 하였습니다. 지금 아버님을 받드는 미녀들은 비단을 밟고 다니지만, 아버님을 따르는 선비들은 짧은 잠방이도 얻어 입지 못하고 있습니다. 또한 하인이나 첩들은 쌀밥과 고기를 먹다 남기지만, 선비들은 쌀겨나 지게미조차 배불리 먹지 못하고 있습니다."

"대체 너는 지금 무슨 소릴 하려는 거냐?"

전영은 꼬치꼬치 따지고 드는 아들이 싫었다.

"방금 아버님께서는 현손의 현손을 '알 수 없다' 고 하셨습니다. 그런데 지금 아버님께서는 재산을 축적하고 또 축적하고 있는데, 그 재산을 그 '알 수 없다' 고 말씀하신 자손들에게 남겨주려 하고 있질 않습니까? 이것은 잘못된 일입니다. 신하들이 자기 가문만을 생각하여 재산을 축적할수록, 국력은 날로 쇠퇴해 가기 마련입니다. 저는 아버님이 재산을 축적하는 데 노력을 기울이시는 것이 괴이하게 생각될 뿐입니다."

전영은 아들 전문의 말을 듣고 깊이 깨달은 바가 있었다.

"오늘부터는 네가 우리 집안의 일을 전부 맡아보고, 손님 접대를 하도록 하거라."

전문은 그때부터 집안의 일을 알뜰하게 살폈으며, 손님 접대를 극진히 하였다. 당시 명문가에는 식객들이 들끓었다. 재상인 전영이 집안을 관리할 때는 접대를 소홀히 했기 때문에 선비들이 많이 찾아들지 않았다. 그러나 아들 전문이 손님 접대를 극진히 하자 많은 선비들이 그 집에 식객으로 머물게 되었다. 선비들 사이에서 날로 전문을 칭찬하는 소리가 높아졌다. 제후들까지도 전문의 이름을 들먹이며 칭찬해 마지않았다.

"문을 후계자로 삼으십시오."

제후들이 전영에게 말하였다.

"내 아들 문이 그렇게 똑똑하오?"

"천하에 명성이 자자합니다."

전영은 천첩 소생의 아들 전문을 후계자로 삼고 죽었다.

이렇게 하여 전영의 후계자가 되어 가문을 이끈 전문이 바로 그 뒤에 재상이 된 맹상군이다. 옛말 그대로 재상의 가문에서 재상이 나온 것이다.

맹상군이 재상이 되었을 때 그의 집에 머무는 식객이 무려 3천여 명이 넘었다고 한다. 지금으로 말하면 맹상군은 회사를 이끄는 리더이고, 식객은 그 회사에 종사하는 종업원들이다.

맹상군의 리더십은 '베푸는 것'이었다. 리더에게 있어서 베푸는 것은 일종의 투자 개념이다. 사람에게 투자하는 것이다. 처음 사람에게 투자할 때 그 돈은 푼돈이지만, 그 사람이 그 은혜에 보답하기 위해 들고 들어오는 돈은 목돈이다.

그런데 여기에는 배포가 큰 리더와 배포가 작은 리더의 차이점이 있다. 배포가 작은 리더는 사람에게 푼돈을 투자하면서 목돈이 들어올 것을 계산한다. 그러나 배포가 큰 리더는 아무런 계산도 없이 사람이 좋아 무조건 투자한다. 묘한 이야기지만, 애초에 계산을 하지 않았기 때문에 나중에 계산할 수 없을 만큼 큰돈이 들어오게 되어 있다.

다시 말하면 작은 리더는 돈을 얻는 것을 목적으로 생각하지만, 큰 리더는 사람을 얻는 것을 목적으로 생각한다. 그런 점에서 많은 식객을 거느렸던 맹상군 같은 사람은 큰 리더이고, 재산만 모았던 그의 아버지 전영 같은 사람은 작은 리더라고 할 수 있다.

덕은 최고의 리더십이다

새와 짐승에게까지 그 덕이 미치도록 한 은나라 탕왕이야말로 참다운 덕을 베푼 중국의 대표적인 리더다. 덕은 마치 그 기운이 해와 같아서 세상 천지를 골고루 비추듯이 모든 사람들의 마음에까지 미친다.

＊

하늘의 해를 따라 만물이 움직인다. 해가 뜨면 새들이 눈을 뜨고, 온갖 초목이 이파리를 반짝이며 햇빛이 내리는 쪽으로 귀를 기울인다. 덕이 있는 사람은 마치 해와 같아서 많은 사람들이 그 주변으로 몰려든다.

중국 은(殷)나라 시대 때 탕(湯)왕은 나라를 다스리는 데 덕을 제일로 중시하였다.

"사람은 물에 비친 그림자를 보고 자기의 모습을 알 수 있으며, 군왕은 백성들의 사는 모습을 보고 나라가 잘 다스려지는지 알 수 있는 것이다. 그렇지 않은가?"

탕왕의 이러한 말에, 신하 이윤이 대답하였다.

"덕행에 밝으신 말씀입니다. 일국의 군주로서 백성을 자식처럼 사랑하시면, 선정을 하려는 자들이 모두 자진해서 관직에 오르려고 할 것입니다."

이윤은 그의 말처럼, 선정을 하고 싶어 그 스스로 탕을 찾아나선 사람이었다. 즉위하기 전에 탕이 유신씨의 딸을 아내로 맞이할 때, 이윤은 그 딸을 따라간 비천한 하인이었다. 이윤은 그때 이미 탕의 덕을 숭상하여 스스로 솥과 도마를 지고 따라가서, 맛있는 요리를 만들어 주인에게 바쳤다. 이때부터 탕을 주인으로 섬겨, 나중에는 탕왕이 제위에 올라 왕도를 걷도록 하는 주역을 담당하였다.

탕왕이 교외로 새 사냥을 간 적이 있었다. 이때 신하들이 그물을 동서남북 사면에 치고 나서, 하늘을 향해 이렇게 축원하였다.

"하늘과 땅, 사방에서 오는 새들아! 모두 이 그물로 들어오라."

그러자 탕왕이 신하들의 잘못을 지적하였다.

"사방에다 그물을 쳐서 새의 씨를 말려버릴 작정인가?"

탕왕은 곧 신하들에게 사방의 삼면에 친 그물을 걷고 한 면만 남겨두게 하고, 다음과 같이 축원하였다.

"좌로 가고 싶은 새는 좌로 가고, 우로 가고 싶은 새는 우로 가라. 그리고 나의 말을 듣지 않는 새는 내 그물로 들어오라."

제후들이 탕왕의 이러한 축원을 듣고 감탄하여 말하였다.

"대왕의 덕은 지극합니다. 그 덕이 새와 짐승에게까지 미치다니요."

한편 그 무렵, 하(夏)나라의 걸왕(桀王)은 악독하기로 이름이 나 있었다. 악독한 데다 탐욕스럽기까지 하여 금은보화의 재물을 탐하고 미녀와의 욕정을 즐겼다.

걸왕은 즉위 초기에 남다른 힘과 지략을 겸비하고 있어, 주위의 작은 나라들을 여러 번 정복하였다. 그러나 그는 선천적으로 탐욕이 강하였고, 그것이 여색을 즐기는 쪽으로 발달하면서 나라를 돌보지 않고 주지육림에 빠져버렸다.

걸왕의 마음을 송두리째 빼앗은 미녀는 매희(昧喜)였다. 하나라가 어느 조그만 나라를 정복했을 때 그 나라에서 걸왕에게 올린 진상품 중의 하나가 바로 그녀였다.

걸왕은 다른 진상품은 거들떠보지도 않았다. 천하절색의 매희를 보자마자 그 순간부터 넋이 빠져버리고 말았다.

매희는 눈웃음으로 걸왕의 마음은 완전히 빼앗아버렸다. 짙은 속눈썹을 깜빡일 때마다, 그 눈웃음은 마치 바람도 불지 않는데 하르르 허공에 파문을 일으키며 떨어지는 벚꽃 같았다.

"대왕! 궁궐이 너무 낡았사옵니다. 이런 집에서 살기 싫어요."

매희는 걸왕의 무릎에 올라앉아 갖은 교태를 부렸다.

"그래, 새로 궁궐을 짓자꾸나. 내 너를 만났으니 새장가를 드는 기분으로 신방을 아름답게 꾸며야 하지 않겠느냐?"

걸왕은 매희의 말이라면 다 들어주었다.

곧 거대한 궁궐이 완성되자, 걸왕은 '요대(瑤臺)'라고 이름을 붙인 곳에서 연일 잔치를 베풀었다. 화려한 비단옷을 걸친 3천 궁녀로 하여금 춤을 추게 하였으며, 차려진 음식상에는 산해진미가 가득가득 넘쳐났다. 매일 새로운 형식으로 잔치판을 벌였으나 매희는 곧 싫증을 내곤 하였다.

"대왕! 이젠 3천 궁녀의 춤도 지겹고, 이런 산해진미도 입맛이 없어요. 차라리 연못을 파서 술로 채우고, 고기로 숲을 이루게 하여 많은 사람들이 마음대로 먹고 마시며 놀게 하면 어떨까요?"

매희의 말에 걸왕이 무릎을 쳤다.

"참으로 기발한 생각이로구나. 연못에 술을 채워 배를 띄우고, 지천에 깔린 고기를 안주 삼아 마음껏 퍼마시면 되겠구나. 어떤 제왕도 그런 멋진 잔치를 벌여본 적이 없을 것이다."

걸왕은 당장 신하를 시켜 연못을 파고 그곳에 술을 가득 부어 흘러 넘치도록 하였다. 그리고 주변의 음식상에는 고기를 숲처럼 켜켜로 쌓아놓아 손만 닿으면 마음대로 집어먹을 수 있도록 하였다.

이것을 일컬어 '주지육림(酒池肉林)' 이라 한다.

주지육림의 대잔치가 벌어질 때 매희는 속으로 걸왕과 그 신하들을 비웃었다.

'흥! 잘들 노는구나. 내 조국이 이 자들의 칼 아래 유린당하였다. 이제 나는 사랑하는 가족들과 헤어져 한낱 원수의 노리갯감이 되었지만 반드시 내 조국의 원수를 갚으리라.'

매희는 마음속으로 이를 악물었고, 그리고 한편으로는 자신의 신세가 처량하여 한숨을 포옥 쉬었다.

"아니, 이 좋은 날에 웬 한숨인고?"

걸왕은 매희의 눈치를 살피기에 바빴다.

"이런 잔치를 벌인다고 저를 욕하는 신하들이 많사옵니다."

매희의 말에 걸왕은 벌컥 화를 내었다.

"어느 놈이 감히 너에게 욕을 하더란 말이냐?"

당시 주지육림에 빠진 걸왕에게 나라를 바로잡으라고 호소하는 충신들이 많았다.

"대왕! 경국지색(傾國之色)이란 바로 저런 매희를 두고 하는 말입니다. 매희는 나라를 망치는 요망한 계집이오니, 즉각 목을 베어야 합니다."

충신의 말에 걸왕은 화가 머리끝까지 치솟았다.

"저런, 발칙한 놈 같으니라고! 저 놈을 당장 끌어내 주살하라!"

술에 취해 비틀거리면서도 걸왕은 충신을 노려보고 소리쳤다.

이렇게 죽은 충신들이 하나 둘이 아니었고, 관직을 빼앗겨 궁궐에서 내쫓긴 신하들도 부지기수였다.

걸왕은 이처럼 충신들을 무수하게 죽이고 나서야 국가의 불온한 분위기를 깨달았고, 이 위기를 극복하기 위한 방편의 하나로 군사를 일으켜 은나라의 탕왕(湯王)을 잡아다 감옥에 가두었다.

그러나 탕왕은 크게 잘못한 것이 없었기 때문에 감옥에서 풀려나 은나라로 돌아갔다. 그후 탕왕은 걸왕에게 원수를 갚기 위해 이를 갈다가 마침내 군사를 일으켜 하나라로 쳐들어갔다.

탕왕은 하나라를 공격하여 걸왕을 산서성으로 쫓아냈다. 걸왕은 다른 나라로 도망을 치며 다음과 같이 말했다.

"그때 탕왕을 감옥에서 내보내지 않고 죽여버렸어야 했다. 그를 죽이지 못한 것이 백 번 후회된다."

결국 걸왕은 다른 나라로 추방되어 떠돌다가 죽었다.

이때 이윤은 탕왕의 승리를 천하에 알렸다. 그러자 제후들은 모두들 탕왕에게 복종하게 되었다. 이후 탕왕은 천자의 위에 올랐다.

진정한 리더는 자신의 사리사욕을 취하지 않고 다른 사람에게 덕을 베푼다. 흔히 새와 짐승에게까지 그 덕이 미치도록 한 은나라 탕왕이야말로 참다운 덕을 베푼 중국의 대표적인 리더다. 덕은 마치 그 기운이 해와 같아서 세상 천지를 골고루 비추듯이 모든 사람들의 마음에까지 미친다.

관용은
리더의 기본 조건이다

순임금

관용은 어떤 상대를 불문하고 무조건 베푸는 것이고,
그것은 인내심을 요구한다. 따라서 리더십을 키우려면 우선 인내심이 강해야 하고,
모든 것을 의심하지 않고 믿는 데서부터 출발한다.

✳

용서할 줄 아는 사람에게는 적이 생기지 않는다. 리더십은 어떤 방법론을 가지고 행하는 것이 아니라 자연적으로 사람들이 그를 따를 때 발휘되는 것이다. 어떻게 하면 많은 사람들이 자신을 따르게 만들 수 있는가. 그것을 연구하는 것이 바로 리더의 경영학이다.

옛날 중국의 요순시대를 이끌었던 요임금과 순임금은 그런 의미에서 덕의 리더십을 실천한 사람들이라 할 수 있다. 덕을 가진 사람의 눈에는 덕이 있는 사람이 보인다. 요임금이 맹인의 아들인 순임금을 인재로 발탁하여 제위를 물려준 것은 바로 그가 덕을 알고 있었기 때문에 가능한 일이었다.

어느 날 나이가 든 요임금은 제위에서 물러날 생각을 하고 신하들에게 물었다.

"누구에게 천자의 자리를 맡겼으면 좋겠는가?"

신하 방제(放齊)가 대답하였다.

"적자이신 단주(丹朱)께서 매우 총명하십니다."

방제는 당연히 요임금의 정실 자식에게 제위를 넘겨야 한다고 생각했던 것이다.

그러나 요임금은 머리를 좌우로 흔들었다.

"단주는 송사(訟事)를 좋아하니 덕이 없다. 등용할 수 없다."

요임금은 재판을 걸어 죄를 묻는 것보다 덕으로 용서하는 정치를 할 수 있는 인물을 원했던 것이다.

이때 다른 신하들이 공공(共工), 곤(鯤) 등을 추천하였으나 요임금은 발탁하지 않았다.

"짐의 친족이 되는 신분뿐만이 아니라, 세상을 등지고 숨어 사는 사람이라도 좋으니, 어디 적임자를 한번 추천해 보라."

요임금이 답답하다는 듯 신하들을 둘러보았다.

그러자 한 신하가 말하였다.

"천하의 현자로 알려진 허유(許由)라는 인물이 있습니다."

"그를 데려 오라."

신하들이 허유를 찾아 나서자, 허유는 임금이 되는 걸 사양하고 기산(箕山)으로 숨어 들어갔다. 그리고는 못 들을 말을 들었다 하여 냇가의 물에 귀를 씻었다. 마침 그때 소를 몰고 지나가던 사람이 허유에게 물었다.

"왜 귀를 씻습니까?"

"요임금이 나에게 제위를 물려주려 해서 귀를 더럽혔기에 씻고 있습니다."

소를 몰고 가던 사람은 그 물이 또한 더럽다 하여 더 위로 올라가 소에게 물을 먹였다.

이처럼 허유가 산 속으로 숨어버리고 나자, 요임금은 다시 신하들에게 마땅한 사람을 추천하라고 하였다. 그때 신하들이 입을 모아 한 사람을 추천하였다.

"어떤 지위도 없이 숨어서 사는 우순(虞舜)이라는 인물이 있습니다."

요임금의 얼굴이 밝아졌다.

"옳지, 짐도 들은 적이 있다. 그 사람의 됨됨이는 어떠한가?"

신하들이 말하였다.

"순은 맹인의 아들입니다. 그의 부친은 덕이 없고, 모친은 말이 많고, 아우는 교만합니다. 그러나 순은 능히 효도로 가족을 화목하게 만들고, 언제나 착한 길로 인도하여 가족들로 하여금 간악한 일을 하지 못하게 합니다."

우순(虞舜)은 어린 시절을 아주 어렵게 보냈다. 그의 아버지 고수는 맹인으로 7대에 이르도록 신분이 미천해서 서민으로 살았다.

순이 어머니를 일찍 여의자, 아버지는 다시 새 아내를 맞아들여 아들 상(象)을 낳았다. 순의 배다른 형제인 상은 오만하였다.

아버지 고수는 전처의 자식인 순보다 후처의 자식 상을 사랑하였으며, 그 두 사람은 언제나 기회만 생기면 순을 죽이려고 하였다. 순은 그럴 때마다 피신하여 위기를 모면했는데, 사실 그는 자신의 목숨이 아까워서라기보다는 아버지에게 오명을 남기지 않으려고 했던 것이다.

이처럼 순은 아버지와 계모와 배다른 형제인 아우에게 순종하면서 행동을 삼가고, 열심히 일하며 살아가려고 애썼다.

순의 이러한 행실은 주위에 소문이 나서 20세 때 효도하는 아들로 세상에 이름을 얻었으며, 30세 때는 요임금에게 발탁되어 그의 두 딸을 아내로 맞이하였다.

아버지 고수는 그래도 순을 죽일 생각에만 몰두하여, 그에게 창고 위에 올라가 토벽을 바르게 하였다. 그러나 순은 떨어지지 않았다. 또한 아버지는 순이 들어가 일하고 있는 창고에 불을 질렀다.

이때 순은 두 개의 삿갓을 양 옆구리에 끼고 창고에서 뛰어나와 겨우 죽음을 모면하였다.

순이 불구덩이 속에서 살아나자, 아버지 고수와 아우 상은 다시 새로운 작전을 짰다. 그들은 순으로 하여금 우물을 파게 하였다.

그런데 순은 이미 아버지와 아우가 세운 계획을 눈치 채고 있었다. 그는 우물을 팔 때 옆으로 빠져나올 수 있는 구멍을 미리 만들어놓았다.

순이 우물을 깊이 파내려 갔을 때, 고수와 상은 계획대로 흙을 퍼부어 우물을 메워버렸다. 이때 순은 미리 옆으로 파놓은 구멍을 통해 지상으로 올라올 수 있었다.

한편 우물을 파묻은 고수와 상은 이제 완벽하게 순이 죽었을 것이라고 생각했다.

"아버지! 이런 꾀를 먼저 낸 것은 접니다."

상은 부모와 함께 순의 재산을 분배하기로 하였다.

그래서 상은 순의 아내인 요임금의 두 딸과 거문고를 갖기로 하였고, 부모에게는 소와 양을 주기로 하였다.

상은 순의 방에 들어가 거문고를 뜯었다.

그때 우물에서 구사일생으로 살아나온 순이 그 광경을 목격하였다. 상은 죽지 않고 살아 돌아온 형을 보고 깜짝 놀라지 않을 수 없었다. 그러나 상은 짐짓 여유를 부리며 다음과 같이 말하였다.

"나는 형님 생각으로 울적한 마음에 거문고를 뜯고 있었습니다."

순이 말하였다.

"그랬을 것이다. 상아! 너라면 이 형을 그렇게 생각했을 것이다."

순은 다시 아버지 고수를 지성으로 섬겼으며, 아우 상을 사랑으로 감싸주었다.

이러한 순의 덕행 이야기를 듣고 요임금은 감탄하였다. 그래서 그를 등용하여 나라 일을 두루 맡겼으며, 등용 20년 만에 요임금은 그에게 섭정(攝政)을 시켰다. 이때 순의 나이 50세였다. 그리고 섭정 8년 만인 58세 때 요임금이 세상을 떠났으며, 61세 때는 요임금의 아들 단주로부터 제위를 물려받아 순임금이 되었다.

관용은 어떤 상대를 불문하고 무조건 베푸는 것이고, 그것은 인내심을 요구한다. 따라서 리더십을 키우려면 우선 인내심이 강해야 하고, 모든 것을 의심하지 않고 믿는 데서부터 출발한다.

자기 마음부터 다스려라

장량은 자기 마음을 다스릴 줄 알았기 때문에 노인으로부터 병법서를 전해 받을 수 있었다. 자기 마음을 다스리는 것처럼 힘든 일도 사실 찾아보기 힘들다. 끈질긴 인내심이 있어야 하고, 성격이 모나지 않고 무던해야 한다.

※

리더는 다른 사람의 마음을 움직이는 사람이다. 그런 사람이 자기 자신의 마음을 다스리지 못한다면 진정한 리더로서의 자질을 가지고 있다고 할 수 없을 것이다.

중국 한(漢)나라 때 유방의 책사로 이름을 날린 유후(留侯) 장량(張良)은, 한(韓)나라의 오랜 명문 집안에서 태어났다. 자(字)는 '자방(子房)' 이라 하는데, 그래서 그는 흔히 '장자방' 으로 널리 알려져 있다.

한나라가 진(秦)나라에게 멸망당할 즈음 장량은 나이가 어려서 아직 관직에도 오르지 못했을 때였다. 5대째 대대로 재상을 지낸 그의 가문은 한나라가 멸망할 때 3백 명이 넘는 종들을 거느리고 있을 만큼 큰 집안이었다.

장량은 어린 시절부터 나름대로 큰 꿈을 꾸고 있었다. 그러나 한나라가 진나라에게 멸망당하면서 그의 꿈은 산산조각이 나고 말았다. 그 무렵 아우가 죽었지만, 그는 장례 치를 생각도 하지 않고 재산을 몽땅 털어 시황제를 암살하기 위한 자금으로 썼다.

마침 그때 진나라 시황제가 동방을 순회한다는 소식을 접한 장량은 곧바로 회양(淮陽)으로 달려가 동이(東夷) 출신인 창해군(倉海君)을 만났다.

"시황제를 죽여 우리 한나라의 원수를 갚아야겠습니다. 담력 있는 장사를 소개해 주십시오. 돈은 얼마든지 드리겠습니다."

장량은 한때 회양에서 예(禮)를 배운 바 있는데, 그때 만났던 창해군에게 이 같은 부탁을 하였다. 당시 창해군은 회양 땅에서 현자(賢者)로 알려져 있는 인물이었다.

"좋습니다. 나는 그대의 우국충정에 감동했습니다."

창해군은 곧 장량에게 바윗돌을 공깃돌 놀리듯 하는 장사 한 명을 소개해 주었다.

장량은 대장장이에게 부탁하여 무게 1백20근이나 나가는 철퇴를 만들었다. 그리고 자객으로 고용한 장사와 함께 시황제가 오기만을 기다리고 있었다.

드디어 시황제의 순행단이 하남성 양무현 남쪽에 있는 박랑사(博浪沙) 계곡을 지나가게 되었다. 장량은 곧 무게 1백20근의 철퇴를 가볍게 들어올리는 장사와 함께 그곳으로 달려갔다. 숲속에 숨어 있던 두 사람은 시황제의 수레가 바로 앞을 지나칠 때, 그 수레를 향하여 철퇴를 집어던졌다.

그러나 장사가 던진 철퇴는 엉뚱하게도 시황제의 수레가 아닌 바로 그 뒤에 따라오던 수레를 박살냈다. 장량과 장사는 그 길로 도망쳐버렸다. 시황제는 크게 노하여 두 사람을 찾기 위해 전국에 대대적인 탐색령을 내렸다.

장량은 변장을 하고 이름까지 바꾼 채 하비로 도망쳤다.

그렇게 도망 다니던 어느 날 장량은 어떤 다리 위에서 초라한 몰골의 한 노인을 만났다. 그 노인은 장량이 보는 앞에서 자신이 신고 있던 짚신을 벗어 다리 아래로 집어던지고 나서 말하였다.

"이봐, 젊은이! 저 아래 내려가서 내 짚신 좀 가져다주게나."

장량은 일부러 노인이 자신을 놀리기 위해 심부름을 시키는 것을 알고 은근히 화가 났다. 그러나 상대가 나이 많은 노인이라 꾹 참고 시키는 대로 하였다.

장량은 곧 짚신을 가져다 노인 앞에 불쑥 내밀었다.

"여기 있습니다."

"아, 이 녀석아! 짚신을 가져왔으면 어서 신겨야지."

노인은 발을 내밀었다. 장량은 어차피 참기로 한 이상 할 수 없는 일이라 생각하고 무릎을 꿇은 채 노인의 발에 짚신을 신겼다.

그런데 노인은 고맙다는 말 한마디 하지 않고 자신이 가던 길을 가버렸다. 장량은 그저 어이가 없어 노인의 뒷모습만 처다보았다. 그때 갑자기 돌아선 노인이 소리쳤다.

"보아하니 장래성이 있어 보이는 녀석이야. 닷새 후 새벽에 이 다리로 나와 봐!"

"네!"

장량은 영문을 모르는 체 얼떨결에 대답을 해버리고 말았다.

닷새 후에 장량은 그 다리로 나갔다. 새벽에 일찍 나갔는데 이미 노인은 먼저 와서 기다리고 있었다.

"이놈아! 이제 나오면 어떡해? 늙은이를 기다리게 하는 버리장머리 없는 놈! 닷새 후 새벽에 다시 와!"

이렇게 일방적으로 소리친 노인은 아예 장량의 대답을 들을 생각도 하지 않고 휙 가버렸다.

장량은 닷새 후 첫닭이 울 때를 기다려 다리 위로 나갔다.

"또 늦었군! 닷새 후에 다시 나와!"

노인은 또 가버렸다.

다시 닷새가 지나고 나서 장량은 한밤중에 나가서 노인을 기다려 보기로 하였다. 그러자 잠시 후 노인이 나타나서 웃으며 말하였다.

"됐어! 마음씨가 무던하군! 그만하면 스스로 자기 마음을 다스릴 수 있겠어!"

노인은 품속에서 책 한 권을 꺼내 장량에게 건네주었다.

"이것이 무슨 책입니까?"

"가져가서 잘 읽어봐. 이 책으로 공부를 하면 먼 훗날 왕자(王者)의 스승이 될 수 있어. 자네는 앞으로 10년 뒤에 일어날 거야. 그리고 우리는 13년 뒤에 다시 만나게 될 걸세."

노인은 장량이 더 묻기도 전에 휙 바람처럼 어디론가 사라져버렸다.

장량이 책을 펼쳐보니, 그것은 태공망(太公望)의 병법서(兵法書)였다. 그는 그 내용에 빠져들어 밤낮으로 통독을 하였다.

병법을 공부하면서도 장량은 진나라의 시황제를 한시도 잊어본 적이 없었다.

"내가 반드시 진나라를 무너뜨리고 말리라."

장량은 이렇게 후일을 기약하면서 병법을 익혔다. 그는 후일 유방(劉邦)을 만나 책사로 활약하였으며, 한(漢)나라를 세우는 건국 공신의 반열에 올라 유후(留侯)로 책봉되었다.

장량은 자기 마음을 다스릴 줄 알았기 때문에 노인으로부터 병법서를 전해 받을 수 있었다.

　자기 마음 다스리기는 리더가 가져야 할 가장 기본적인 덕목이
다. 하지만 자기 마음을 다스리는 것처럼 힘든 일도 사실 찾아보기
힘들다. 끈질긴 인내심이 있어야 하고, 성격이 모나지 않고 무던해
야 한다. 그리고 그 다음에 필수적으로 따라오는 것이 기발한 상상
력을 바탕으로 한 기지와 지혜이다.

사악한 사람의 최후

오기

오기는 중국 역사에 남을 만한 뛰어난 용병술을 가진 전술전략가였지만, 그의 최후는 비참하였다. 그의 일화를 통하여 전략보다 더 뛰어난 것이 인품임을 알 수 있다. 전략은 후천적으로 배우는 것이지만, 인품은 선천적으로 타고나는 것이다.

중국 위(魏)나라 사람인 오기(吳起)는 용병에 뛰어나며 『오자병법(吳子兵法)』을 지어 후세에 전하고 있다.

아무리 뛰어난 능력이 있다 하더라도 그 사람의 심성이 사악하면 리더로서의 자격은 운위할 가치조차 없다. 근본 바탕이 인자한 리더는 저절로 많은 사람들을 따르게 하는데, 사악한 리더는 따르는 사람들조차도 적으로 만든다. 바로 그 이기심으로 가득 찬 사악한 마음 때문이다.

중국 위(魏)나라 사람인 오기(吳起)는 용병에 뛰어나며 『오자병법(吳子兵法)』을 지어 후세에 전하고 있다.

오기는 위나라 출신이지만 노(魯)나라에 가서 제(齊)나라 출신의 아내와 살고 있었다. 그가 고향을 떠나 다른 나라에 가서 살 수밖에 없었던 것에는 그만한 사연이 있었다.

원래 오기는 시기심이 많고 잔인하기로 소문이 나 있었다. 젊었을 때부터 그는 벼슬길로 나가고 싶은 강한 욕망을 갖고 있었다. 그래서 그는 집에 있던 천금을 가지고 벼슬자리를 구하러 다니다가 가산만 탕진하고 빈손으로 돌아왔다.

고향에서는 그러한 오기를 비웃는 사람들이 많았다. 벼슬을 실력이 아닌 돈을 주고 사려다 패가망신하였다는 비난의 소리가 여기저기서 들려왔다.

며칠을 두고 이를 갈던 오기는 자신을 비웃던 고향 사람 30명을 죽이고 동쪽으로 도망쳤다. 위나라 성문을 빠져나가면서 그는 몰래 전송 나온 어머니에게 자신의 손가락을 깨물며 맹세하였다.

"어머니, 재상이 되기 전에는 위나라로 돌아오지 않겠습니다."

제나라로 간 오기는 공자(孔子)의 제자인 증자(曾子)에게 가서 공부를 하였다.

공부를 하는 도중에 어머니가 돌아가셨다는 소식이 들렸다. 오기는 그러나 위나라로 돌아가지 않았다.

"그대는 어머니가 돌아가셨는데, 그 소식을 듣고도 달려가 장례를 모시지 않았다. 이런 박정하고 불효막심한 일이 또 있겠는가?"

효자로 소문난 증자는 오기를 파문시켜 버렸다.

제나라 여자와 결혼한 오기는, 그 아내를 데리고 노나라로 가서 살면서 이번에는 병법을 배웠다. 학문으로 벼슬길에 오르지 못할 바에는 병법을 배워 장군이 되겠다는 것이 그의 생각이었다.

마침 제(齊)나라가 노나라를 공격했을 때의 일이었다.

노나라에서는 병법에 능한 오기를 장군으로 삼아 제나라 군대를 무찌르려 하였다.

"오기는 안 됩니다. 그는 제나라 여자를 아내로 맞아 살고 있기 때문에 믿을 수가 없습니다."

한 신하가 노나라 왕에게 간하였다.

곧 오기에게 그 소문이 들어갔다. 그는 명성을 얻고 싶은 절호의 기회를 아내 때문에 놓치고 싶지 않았다.

"나를 믿지 못한다면 아내를 죽여서 내가 절대로 제나라를 이롭게 하지 않을 것이라는 사실을 확인시켜 주면 될 게 아닌가?"

오기는 아내를 죽였다. 그러자 노나라 왕은 그때서야 안심을 하고 오기를 장군으로 등용하였다. 장군이 된 오기는 뛰어난 용병술로 제나라 군대를 크게 무찔렀다. 그러나 그러한 공로도 아내를 죽이고 장군이 되었다는 비난 때문에 빛을 잃었다.

한 신하가 오기에 대해 노나라 왕에게 간하였다.

"노나라는 작은 나라입니다. 그런데 이제 우리가 제나라와 같이 큰 나라를 이겼다고 소문이 났으니 제후들의 공격 목표가 되고 말았습니다. 게다가 노나라와 위나라는 형제국입니다. 위나라에서 도망친 오기를 계속 장군의 지위에 앉힌다면 위나라와의 우호관계를 해치게 됩니다. 어찌됐든 오기는 위험한 인물입니다."

노나라 왕도 그 말이 옳다고 생각되어 오기를 장군의 지위에서 박탈해 버렸다. 노나라에서 쫓겨난 오기는 위나라로 돌아갔다. 그는 위나라의 문후(文侯)가 현명하다는 소문을 듣고, 그를 섬기기 위해 찾아간 것이었다.

"오기의 인물됨이 어떠하오?"

문후는 재상 이극(李克)에게 물었다.

"오기는 탐욕스럽고 여색을 좋아합니다. 그러나 용병술만큼은 저 사마양저 이상 가는 인물입니다."

문후는 오기의 뛰어난 용병술을 인정하고, 그를 곧 장군으로 삼았다.

위나라 장군이 된 오기는 진(秦)나라를 쳐서 다섯 개의 성을 함락시키는 전과를 올렸다.

오기는 장군이면서도 가장 낮은 사졸과 동등한 생활을 하였다. 같은 양의 밥을 먹고 같은 질의 옷감으로 짠 옷을 입었으며, 잘 때도 요를 깔고 자는 법이 없었다. 또한 싸우러 나가지 않을 때는 말이나 수레를 타지 않았으며, 출전할 때에도 자신의 양식을 몸소 지녀 사졸들의 노고를 덜어주었다.

뿐만이 아니었다. 오기는 등창이 난 사졸의 종기에 입을 대고 고름 빨아주는 것을 주저하는 법이 없었다.

어느 날 오기가 한 사졸의 고름을 빨아준다는 소식을 듣고, 그 사졸의 어머니가 통곡을 하였다.

"사졸인 아들에게 장군이 스스로 그 등창을 빨아주면 감사해야 할 일인데 왜 통곡을 하시오?"

어떤 사람이 이상하게 여겨 물었다. 그랬더니 사졸의 어머니는 울면서 이렇게 대답하였다.

"그렇지 않습니다. 전에도 오기 장군은 저 애 아비의 고름을 빨아주었소. 그래서 감격한 나머지 자신의 몸도 돌보지 않고 용맹스럽게 적진에 뛰어들었다가 전사하였소. 그런데 이번에는 또 아들의 종기를 빨아주니, 필시 아들도 아비처럼 적진에 뛰어들어 장렬하게 죽을 게 뻔하지 않습니까? 그래서 우는 겁니다."

이처럼 오기는 비록 탐욕스럽고 비인간적인 행위 때문에 많은 비난을 받으면서도, 용병술에 있어서 만큼은 사졸들을 감동시켜 군대의 사기를 키우는 명장이었다. 그래서 문후는 오기를 서하(西河)의 태수로 삼아 진(秦)나라와 한(韓)나라의 침공을 막게 하였다.

말년에 오기는 초나라로 갔다. 당시 초나라의 도왕(悼王)은 이미 그가 현명하다는 소문을 듣고, 그를 재상의 자리에 앉혔다.

드디어 오기는 자신이 꿈꾸어 오던 재상의 자리를 차지하게 된 것이었다. 그는 재상이 되자마자 좋은 정치로 자신의 뜻을 펴기 위해 법을 재정비하고, 필요 없는 관직을 가차없이 폐지하였다. 또한 왕실과 먼 촌수의 왕족들에게 주던 녹봉을 없애고, 거기에서 얻어진 재원으로 군사들을 양성하였다.

오기는 부국강병책을 씀으로써 우선 초나라의 기반을 확실하게 다져놓았다. 그리고 나서 군사들을 일으켜 북쪽으로는 진(陳)나라와 채(蔡)나라를 병합하고, 남쪽으로는 백월(百越)을 평정하였으며, 서쪽으로는 진(秦)나라를 치니, 제후들은 강성한 초나라를 두려워하게 되었다.

그러나 이러한 과감한 정책을 하다 보면 반드시 불이익을 당하는 사람이 있게 마련이어서, 오기를 미워하는 부류가 늘어났다.

마침 도왕이 죽었을 때 오기의 반대 세력들이 들고일어났다.

"이때 오기를 죽이지 않으면 평생 후회한다!"

오기 때문에 관직에서 밀려났던 왕족과 대신들이 반란을 일으켰다.

도왕의 장례를 치르기 위해 궁전 안에 있던 오기는 너무 갑작스런 일이라 몸을 피할 수가 없었다. 반란군이 벌써 궁궐을 완전히 장악한 채 궁전 안으로 뛰어든 것이었다.

"아아! 내가 여기서 죽게 되다니! 그래 죽어도 좋다. 결코 나 혼자는 죽지 않는다. 죽어서도 너희들의 원수를 갚고야 말리라."

오기는 재빨리 도왕의 시체 뒤에 가서 몸을 숨겼다.

반란군들은 궁전을 샅샅이 뒤지다가 마지막으로 도왕의 시체가 안치된 방으로 들이닥쳤다.

"찾았다! 오기가 저기 있다!"

반란군들은 이렇게 소리쳤다. 그리고는 감히 함부로 접근하지 못한 채 화살을 마구 퍼부어댔다. 그 화살들은 순식간에 도왕의 시체를 고슴도치처럼 만들었다. 그리고 그 시체 뒤에 숨어 있던 오기도 화살에 맞아 숨을 거두었다.

도왕의 장례가 끝나고 나서 반란군들은 태자 장(臧)을 왕으로 추대하였으며, 그는 초나라의 숙왕(肅王)이 되었다.

그런데 새로 왕위에 오른 숙왕은 정권을 장악한 뒤 곧바로 다음과 같은 명령을 내렸다.

"선왕의 시신에 활을 쏜 자들은 지위 고하를 막론하고 모조리 잡아다 도륙하라!"

이에 따라 반란에 가담했던 왕족과 대신들이 거의 모두 주살당하였다. 이들은 모두들 평소 오기를 미워했던 사람들이었다.

오기는 죽음에 임박한 순간 도왕의 시체 뒤로 숨으면서, 반란을 일으킨 자들이 그와 같은 최후를 맞이할 것이라는 걸 예상하고 있었던 것이다. 즉 그는 죽고 나서도 원수를 갚은 것이다.

오기는 중국 역사에 남을 만한 뛰어난 용병술을 가진 전술전략가였지만, 그의 최후는 비참하였다. 그의 일화를 통하여 전략보다 더 뛰어난 것이 인품임을 알 수 있다. 전략은 후천적으로 배우는 것이지만, 인품은 선천적으로 타고나는 것이다. 따라서 아무리 창의력이 뛰어나고 추진력이 강한 리더라 하더라도 근본 바탕이 사악하다면 진정한 리더라고 할 수 없다.

약속은 믿음의 출발점이다

약속은 사람에 따라 하찮은 것일 수도 있고, 중요한 것일 수도 있다.

전양저는 그것을 중요하게 생각했고, 장가는 그것을 하찮게 생각하였다.

하지만 그 차이는 한 사람을 훌륭한 장군으로 만들었고,

한 사람을 죽음으로 몰고 갈 만큼 큰 것이다.

＊

아무리 하찮은 일이라 하더라도 일단 약속을 하였으면 지키는 것이 철칙이다. 약속 시간을 어기는 사람에게는 이유가 많다. 그러나 약속을 철저히 지키는 사람에게는 그 이유가 통하지 않는다. 왜냐하면 그런 사람은 어떤 사정이 있더라도 약속 시간보다 먼저 와서 기다리고 있기 때문이다.

두 사람이 약속을 하였을 때, 나중에 나타나는 사람은 먼저 와서 기다리는 사람에게 심적 부담을 느끼게 된다. 그 약속이 중요한 상담이라면, 이미 먼저 와서 기다리는 사람이 심리적으로 절반 이상 유리한 고지를 점령하고 있다고 보아도 좋다.

유능한 리더는 약속을 잘 지킨다. 그는 약속 시간 30분 전에 와서 상대를 기다린다. 부득이한 사정이 있을 경우 적어도 10분 전까지는 약속 장소에 나타난다. 왜냐하면 그는 먼저 약속 장소에 나타나는 사람이 주도권을 행사할 수 있다는 사실을 잘 알고 있기 때문이다.

중국 제(齊)나라 경공(景公) 때 '전양저' 라는 사람이 있었다. 그는 '사마병법(司馬兵法)' 을 익혔으며, 문장(文章)에도 능하여 문무(文武)를 겸비한 장군이었다.

진(晉)나라와 연(燕)나라가 쳐들어왔을 때, 이를 막으려고 출전했던 제나라 군대가 크게 패하자 경공은 깊은 시름에 잠겨 있었다.

그때 정승 안영이 전양저를 추천하였다.

"양저로 말하면 전(田)씨네 첩의 소생이라 비록 사졸이지만 문무를 겸비한 명장입니다."

경공이 곧 전양저를 불러 군사에 관한 것을 논의해 보았는데, 전혀 막히는 데가 없었다.

경공은 크게 기뻐하여 전양저를 장군으로 삼았다.

전양저가 말하였다.

"대왕께선 사졸인 저를 곧바로 장군의 자리에 앉게 해주셨습니다. 그러나 저는 원래 미천한 몸이라, 비록 지금 장군이 되었다 하더라도 군사들이 따르지 않을 것입니다."

"그렇다면 어찌해야 군사들로 하여금 그대를 따르게 할 수 있겠는가?"

"대왕께서 총애하시고 백성들에게도 존경받는 인물을 골라 부대를 감독하도록 해주십시오."

경공은 자신이 총애하는 신하 장가(莊賈)를 추천하여, 그에게 군대를 감독하는 감군(監軍)의 직위를 주었다. 감군은 비록 장군의 지휘 아래 있지만, 그 직위는 장군과 맞먹는 중요한 자리였다.

전양저는 출전하기에 앞서 장가에게 단단히 일렀다.

"내일 정오에 군문(軍門)에서 만납시다."

"그렇게 하지요."

장가는 심드렁하게 대답하였다.

이튿날 전양저는 일찍 군문으로 가서 나무를 세워 해 그림자로 시간을 알 수 있게 하고, 떨어지는 물방울로 또한 시간을 재어 가면서 장가를 기다렸다.

그러나 장가는 정오가 지나도 나타나지 않았다. 그는 원래 교만한 데다 왕의 총애까지 받고 있어 사졸 출신인 전양저를 우습게 보았다.

"제까짓 게 뭔데 나한테 이래라 저래라 명령이야?"

장가는 친인척들이 장도를 빌기 위해 부어주는 송별주를 마시며 거들먹거렸다. 그는 정오가 지나도 괘념치 않고 계속 술을 마셨다.

한편 정오가 지나도 장가가 나타나지 않자, 전양저는 자신이 약속을 지키기 위해 만들어놓은 해시계와 물시계를 부수어버리고 군사들이 있는 진중으로 돌아갔다.

장가는 그날 저녁 늦게서야 나타났다.

"그대는 약속을 지키지 않았소."

전양저가 정색을 하고 말했다.

"어쩌다 그렇게 됐구려."

장가가 대수롭지 않게 대답하였다.

"무슨 소리요? 감군의 직위는 장군과 똑같다는 사실을 모르시오?"

"높은 양반들과 친구들이 송별주를 주며 자꾸 붙잡으니 낸들 어쩌겠소?"

"모름지기 장군은 명령을 받으면 그날 이후 집을 잊어버리고, 군령에 의한 약속을 하면 그 어버이를 잊어야 하며, 진군의 북소리가 들리면 자기 몸을 잊어야 하는 법이오. 지금 적군은 나라 안에 깊숙이 침입하여 군사들이 비바람과 싸우며 국경에서 잠을 못 이루고, 대왕께서는 편한 잠자리에 들지 못하신 채 음식을 들어도 걱정 때문에 그 맛을 모르는데, 이러한 시국에 송별주라니 말이나 되는 소릴 하는 거요?"

전양저는 이렇게 말한 뒤 곧바로 군법을 맡아 다스리는 군정(軍正)을 불렀다.

"부르셨습니까?"

군정이 달려왔다.

"그대는 군법에 대해 바로 말하라. 군대에서 시간 약속을 어기는 자는 어떻게 해야 한다고 되어 있는가?"

"그 죄는 참형에 해당됩니다."

군정의 입에서 '참형'이라 소리가 나오자 장가는 더럭 겁이 났다.

사태가 위급함을 깨달은 장가는, 곧바로 경공에게 사람을 급파하여 자신의 목숨을 구원해 달라고 청하였다.

그러나 경공의 사자가 도착하기 전에 전양저는 군법대로 장가를 참형에 처하여, 그의 목을 전군(全軍)에 돌렸다. 이것을 본 군사들은 깜짝 놀라 벌벌 떨었다.

그리고 나서 한참 뒤에 경공이 보낸 사자가 급히 말을 타고 달려왔다.

"군영에 있는 장수는 때로 주군의 명령이라 하더라도 듣지 않을 때가 있다. 군정! 군영에서 말을 달리는 자는 어떻게 되는가?"

"이것도 참형에 해당됩니다."

전양저의 물음에 군정이 대답하였다.

“그렇지만 대왕의 사자는 죽일 수 없다.”

전양저는 사자의 목 대신 마부와 수레의 왼쪽에서 달리던 말을 베었다.

이것을 본 군사들은 장군 전양저를 매우 두려워하게 되었다.

전양저는 곧 전군에 출동 명령을 내렸다. 군사들이 일사불란하게 움직였다. 행군을 하면서 그는 병든 군사들을 직접 돌보아주고, 장군에게 나오는 음식을 풀어 사졸들과 공평하게 나누어 먹었다. 뿐만 아니라 그는 장군의 호화로운 침소 역시 철폐하고, 가장 연약한 사졸과 함께 잠자리를 같이하였다. 이렇게 행군을 하면서 사흘이 지나자 군사들의 사기는 그 어느 때보다 충천하였고, 병든 사졸들까지 거뜬히 일어나 앞을 다투어 출전하기를 희망하였다.

이 소식을 들은 진나라와 연나라 군사들은 잔뜩 겁을 먹고 후퇴하기 시작하였다. 이때 전양저는 적군을 추격하여 그들에게 빼앗겼던 옛 땅을 모두 되찾았다.

승전 소식을 들은 제나라 경공은 대부들과 함께 나가 개선군을 맞이하였다.

“그대의 충성심을 높이 사서 벼슬을 내리노라.”

전양저는 삼군 총사령관에 해당하는 대사마(大司馬)가 되었다. 이때부터 그는 성씨 대신 장군의 직급을 붙여 ‘사마양저’라 우대하여 불리게 되었다.

약속의 전제 조건은 믿음이다. 서로 믿음을 가지고 있기 때문에 약속을 하는 것이고, 약속대로 서로 만나면 그 믿음으로 의기투합

하여 소기의 목적을 달성하는 것이다. 약속은 사람에 따라 하찮은 것일 수도 있고, 중요한 것일 수도 있다. 그런데 전양저는 그것을 중요하게 생각했고, 장가는 그것을 하찮게 생각하였다. 하지만 그 차이는 한 사람을 훌륭한 장군으로 만들었고, 한 사람을 죽음으로 몰고 갈 만큼 큰 것이다.

전양저와 장가의 이야기는 약속을 잘 지키는 리더와 약속을 잘 지키지 않는 리더의 차이를 보여주는 좋은 선례라고 할 수 있다.

용서하고 또 용서하라

범수

범수는 자신이 겪은 아픔을 알기 때문에 상대가 비록 원수일지라도 용서로 앙갚음을 대신한 것이다. 원수를 죽이는 것은 그 역시 똑같은 인간으로 전락하는 것이지만, 너그럽게 용서하는 것은 상대를 살리면서 자신의 가치를 더욱 높이는 결과가 된다.

＊

큰 인물은 자신의 아픔을 인내로 극복하고, 너그러운 마음으로 용서할 줄 안다. 인내와 용서는 한마음 속에 있으면서 서로 다른 두 가지 개념을 가지고 있다. 즉 인내는 자신의 아픔을 안으로 참는 힘이며, 용서는 이미 자신의 아픔을 알기 때문에 밖으로 다른 사람의 아픔을 감싸주는 힘이다. 그 두 가지는 서로 다르지만, 한마음 속에서 긴밀한 통교 작용을 하고 있다.

중국의 위(魏)나라 출신인 범수는 젊은 시절 중대부(中大夫)인 수가를 섬겼다. 수가가 위나라 소왕(昭王)의 사자로 제(齊)나라에 갔을 때 범수도 따라가게 되었다.

제나라 양왕(襄王)은 말을 잘하는 범수에게 반하여 술과 쇠고기와 금을 하사하였다. 이때 범수는 사신 일행 중 자기 개인만 그런 대접을 받을 수 없다 하여 극구 사양하였다.

그런데 이 사실은 곧 수가에게 알려졌고, 그는 다음과 같이 생각하였다.

'범수가 위나라의 비밀을 제나라에 알려주었기 때문에 선물을 보낸 것이 틀림없다. 그렇지 않고서야 사신인 나를 놔두고 어찌 범수에게만 특별히 선물을 보낸단 말이냐.'

수가는 범수를 불러 술과 고기만 받고 금을 돌려보내도록 하였다.

위나라로 돌아온 수가는 범수를 크게 꾸짖은 후 재상인 위제(魏

齊)에게 그것을 고자질하였다. 위제는 곧 범수를 불러 매질을 가하
였다.

"이실직고하렷다! 우리 위나라의 비밀을 제나라에 말하지 않았
는가?"

"그것은 사실이 아닙니다. 누군가의 모함이 분명합니다."

범수는 억울함을 호소하였으나 위제는 듣지 않고 더욱 매질을
가하도록 하였다.

범수는 매질을 당하여 갈비뼈가 나가고 이빨이 부러졌다. 정신
을 잃고 늘어지자, 그의 몸뚱이를 멍석으로 말아 뒷간에 갖다 버렸
다. 그리고 술에 취한 사람들로 하여금 그 멍석 위에 오줌을 깔리게
하였다.

정신이 든 범수는 지린내를 맡으며 온갖 치욕을 견뎌냈다. 그리
고 가만히 멍석 밖으로 내다보니 감시하는 사람이 있었다. 그는 몰
래 감시자를 불러 말하였다.

"여보시오. 나를 좀 살려주시오. 그러면 먼 훗날 반드시 그 은혜
를 갚겠소."

마침 딱하게 생각하고 있던 감시자는 위제에게 가서 다음과 같
이 고하였다.

"사람이 오줌을 깔려도 꿈쩍 안 하는 걸 보면 범수는 이미 죽은
사람입니다."

"집안에서 송장이 썩게 할 수는 없지. 멀리 밖에 내다 버려라."

술에 취한 위제는 무심결에 이렇게 말하였다.

구사일생으로 목숨을 건진 범수는 이름을 장록(張祿)이라 속이

고 정안평(鄭安平)의 집에 숨어 살았다.

이때 마침 진(秦)나라 소왕(昭王)이 왕계(王稽)를 위나라 사신으로 보냈다. 정안평은 왕계에게 범수를 소개하여 진나라로 함께 갈 수 있게 해주었다.

진나라 소왕은 인물을 볼 줄 알았다. 범수에게 응(應) 땅을 봉지로 내리고 응후(應侯)에 봉하였다. 이렇게 재상의 지위에 오르고도 범수는 '장록' 이란 이름을 계속해서 사용하고 있었다. 그래서 그가 범수라는 사실을 아는 사람은 거의 없었다.

진나라가 위나라를 치려고 할 때였다. 위나라에서는 곧 수가를 진나라에 사신으로 파견하였다. 이때 범수는 남루한 옷차림으로 수가가 묵고 있는 숙사를 찾아갔다.

"아니, 그대는 범수 아닌가?"

수가는 깜짝 놀랐다.

"죽지 않고 이렇게 살아 있습니다."

"그래 지금은 무엇을 하나?"

"남의 집에 고용되어 품팔이를 하며 겨우 입에 풀칠을 하고 살지요."

"어쩐지 몹시 곤궁해 보이는군."

옛날 일을 떠올리며 양심의 가책을 받은 수가는 범수에게 자신의 솜옷 한 벌을 꺼내주었다.

"그런데 진나라에서는 장록이라는 분이 재상이라 들었는데, 그분에 대해서는 좀 아는가?"

"훌륭하신 분이지요."

범수는 자신이 바로 당사자인 ‘장록’ 이면서 짐짓 모른 체하고 말하였다.

“지금 나의 일이 그분의 의중에 달려 있다 해도 과언이 아니네. 그래서 그분과 연결을 해줄 수 있는 사람을 찾고 있다네.”

“그런 일이라면 염려 마십시오. 저희 주인 어른께서 재상과 친합니다.”

“그런데 먼 길을 오느라 내 말이 병들고 수레의 바퀴가 망가졌네.”

“염려 마십시오. 큰 수레와 말 네 마리를 곧 준비해 드리겠습니다.”

범수는 돌아가 말 네 마리가 끄는 큰 수레를 직접 몰고 왔다.

수가는 범수와 함께 수레를 타고 진나라 재상의 관저로 갔다. 가는 길에 많은 사람들이 범수를 보고 절을 하였다. 수가는 그것을 이상하게 여겼다.

재상의 관저에 이르러, 범수는 먼저 들어가 재상께 면회를 신청하겠다며 문 안으로 사라졌다. 한참이 있어도 범수는 나타나지 않았다.

“범수가 나오지 않는데 무슨 까닭이라도 있는가?”

기다리다 못한 수가는 문지기에게 물었다.

“범수라는 사람은 없는데요?”

“아까 나와 함께 이 수레를 타고 온 사람 말일세.”

“그분은 바로 우리의 승상 어른이십니다.”

“무엇이? 그분이 바, 바로 ‘장록’ 이라는 그 승상 어른이란 말인가?"

"그렇습니다."

수가는 깜짝 놀라 자신의 잘못을 뉘우치고 웃옷을 벗은 채 무릎걸음으로 걸어서 단하에 이르렀다. 그때 범수가 재상의 옷차림으로 나타났다.

"승상 어른! 죽을죄를 지었습니다. 저는 승상께서 이렇게 높은 지위에 오르시리라고는 예전에 미처 생각지 못하였습니다. 이제 저는 감히 다시 천하의 글을 읽지 않을 것이며, 천하의 일에 관여치 아니할 것입니다. 저를 죽이든지 살리든지 승상께서 마음대로 하십시오."

범수가 물었다.

"대체 그대의 죄가 얼마나 되기에 그러시오?"

"저의 머리털을 뽑아 그 죄를 세려고 해도 모자랄 판입니다."

"내가 알고 있기에 그대의 죄는 세 가지다. 그대는 전날 내가 제나라와 내통했다고 위제에게 거짓으로 고하였다. 그것이 첫번째 죄이다. 위제가 나를 매질하여 멍석에 말아 뒷간에 갖다 버렸을 때 그대는 말리지 않았다. 그것이 두 번째 죄다. 술 취한 자들로 하여금 내 몸에 오줌을 깔기게 하였으니, 그것이 세 번째 죄이다."

범수는 이렇게 수가의 죄를 낱낱이 열거하였다.

"죽여주십시오."

수가는 차마 고개를 들지 못하였다.

"그러나 그대 목숨만은 살려준다."

"네에?"

죽는 줄로만 알았던 수가가 고개를 번쩍 들었다.

"조금 전 초라한 행색으로 가장하였던 나에게 그대가 솜옷 한 벌을 주었다. 그 솜옷이 그대를 살렸다."

범수는 수가를 용서해 주었다.

수가를 용서한 범수의 용단은 솜옷 한 벌에서 비롯되었다고 하지만, 사실 그것은 겉모습일 뿐이다. 범수는 자신이 겪은 아픔을 알기 때문에 상대가 비록 원수일지라도 용서로 앙갚음을 대신한 것이다. 원수를 죽이는 것은 그 역시 똑같은 인간으로 전락하는 것이지만, 너그럽게 용서하는 것은 상대를 살리면서 자신의 가치를 더욱 높이는 결과가 된다.

리더는 작은 것과 큰 것의 차이를 명확하게 안다. 원수를 죽이는 것은 작은 것이고, 원수를 용서하는 것은 큰 것이다. 용서하고, 또 용서하는 것이야말로 큰 인물이 되는 지름길이다.

물러날 때를 아는 사람

범수도 그렇지만, 채택도 자신의 물러날 때를 아는 사람이었다. 이 두 사람은 리더십의 달인이다. 정상에 섰을 때 겸손하고, 자신이 물러날 때를 아는 사람이야말로 진정한 리더인 것이다.

＊

사람이든 기업이든 정상에 섰을 때 가장 경계해야 할 것은 오만함이다. 정상이란 곧 내려가야 하는 위치를 말한다. 더 이상 올라갈 곳이 없기 때문이다. 그런데 오만한 사람이나 그런 리더가 이끄는 기업은 더 높이 올라가려고 욕심을 부리다가 낭패를 보거나 망하는 경우가 있다.

정상에 섰을 때 고개 숙이는 사람이 그 자리에 오래 머물며, 겸손한 태도로 소비자를 왕으로 모시는 기업이 오래도록 최고의 브랜드를 유지할 수 있다. 그리고 겸손을 아는 리더는 물러날 때를 알기 때문에 자기 능력이 다 하면 스스로 정상에서 내려온다.

채택(蔡澤)은 중국 연(燕)나라 사람으로 공부를 많이 하였으나 오래도록 벼슬자리를 얻지 못하였다.

그후 채택은 조나라에 가서 벼슬자리를 구걸하다 쫓겨났으며, 한나라와 위나라에 가서는 벼슬자리는커녕 도둑까지 맞았다.

채택이 진나라에 갔을 때였다. 재상인 응후(應侯) 범수가 자신의 목숨을 구해준 정안평과 왕계를 추천하였다가, 그들이 모두 중죄를 짓게 되어 체면이 말이 아니라는 소리가 들려왔다.

이때 채택은 진나라를 두루 돌아다니며 범수에게 욕을 하였다.

"나는 연나라 사람 채택이다. 천하의 걸물이며 박학다식하고 지혜로운 선비를 진나라가 몰라주는구나. 내가 딱 한 번 대왕을 뵙기만 하면, 응후처럼 사람 볼 줄 모르는 위인을 단번에 궁지로 몰아넣을 수 있다."

이 말은 곧 범수의 귀에 들어갔다.

"그 채택이라는 사람을 모셔오도록 하라."

범수는 사람을 시켜 채택을 초청하였다. 얼마 후 채택이 불려왔는데, 그는 범수를 보고 인사도 제대로 하지 않고 오만불손한 자세를 취한 채 버티고 서 있었다. 범수는 은근히 화가 났다.

"나를 비방하고 다녔다는 게 사실입니까?"

"그렇습니다."

"나를 대신하여 진나라 재상이 되겠다고 했다면서요?"

"네, 승상을 궁지에 몰아넣고 그 자리를 차지하겠다고 했습니다."

채택은 당돌하게 말하였다.

범수도 세 치의 혀로 사람을 설득시키는 데는 자신이 있었다. 그런데 변설을 늘어놓아 상대를 궁지로 몰아넣는 채택의 언변도 여간이 아니었다. 서로 대화를 주고받는 가운데 궁지에 몰리게 된 범수는 점차 당황하였다.

"들리는 말에 '물을 거울로 삼는 자는 제 용모를 볼 수가 있으며, 사람을 거울로 삼는 자는 그 길흉을 알 수 있다' 고 합니다. 또한 옛글에 이르기를 '성공했으면 그 자리에 오래 머물지 말라' 고 했습니다. 옛날 상앙이나 백기·오기 등은 끝까지 자리를 지키려다가 화를 입었습니다. 어째서 승상께서는 이 기회에 재상의 자리를 현자에게 물려주지 않으려고 하시는 겁니까? 이제 승상께서는 초야에 묻혀 그윽한 산세와 냇물을 보며 살아야 합니다. 『역경(易經)』에 보면 '항룡(亢龍)에게도 후회할 날이 있다' 고 하였습니다. 이것은 올라가기만 할 뿐 내려올 줄 모르며, 허리를 펴기만 하고 굽힐 줄을 모르고, 앞으로 가기만 할 뿐 돌아올 줄 모르는 것을 두고 하는 말입니다. 원컨대 승상께서는 깊이 생각하시기 바랍니다.”

범수는 채택이 큰 인물임을 알아보고 다음과 같이 말하였다.

“옳은 말씀이오. 내가 들으니 ‘하고자 하여 그칠 줄 모르면 그 하고자 하는 바를 잃게 되고, 가지고도 만족할 줄 모르면 그 가지고 있는 것을 잃는다’ 고 하였습니다. 선생께서는 좋은 가르침을 주셨습니다.”

이후부터 범수는 채택을 상객으로 모셨다. 그리고 진나라 소왕(昭王)에게 채택을 추천하자, 왕은 곧 그를 객경(客卿)으로 삼았다.

범수는 그후 병을 핑계로 재상의 자리에서 물러났으며, 그 자리를 자연히 채택이 물려받게 되었다.

채택은 재상으로 있으면서 좋은 계책을 많이 내었으며, 그의 계책으로 진나라는 주나라 왕실의 땅을 손에 넣기도 하였다.

그런데 어느 날 채택을 두고 여러 신하들이 비난을 퍼부었다. 채택은 병을 핑계로 재상의 자리에서 물러났다. 소왕은 그를 강성군(綱成君)에 봉하였다.

범수도 그렇지만, 채택도 자신의 물러날 때를 아는 사람이었다. 이 두 사람은 리더십의 달인이다. 정상에 섰을 때 겸손하고, 자신이 물러날 때를 아는 사람이야말로 진정한 리더인 것이다.

지혜와 용기의 파트너십

조사의 지혜와 허력의 용기가 위기에 처한 조나라를 구하였다. 이처럼 지혜와 용기가 결합되면 대단히 큰 위력을 발휘한다. 유능한 리더가 되려면 함께 일할 수 있는 좋은 파트너를 찾아내는 안목을 갖고 있어야 한다.

아무리 유능한 리더라 하더라도 혼자서 모든 분야를 다 관리할 수는 없다. 특히 어려운 일일수록 파트너십이 필요하다. 지혜만 가지고 일이 풀리지 않을 때는, 그것을 강력하게 밀어붙일 용기 있는 파트너를 만나야 한다. 즉 지혜와 용기의 결합이야말로 최고의 윈윈 작전인 것이다.

중국 조(趙)나라 때의 조사(趙奢)는 조세 징수 담당 관리였다. 그런데 평원군(平原君)의 집에서 조세를 내지 않으려고 하자, 그는 법대로 다스려 그 집의 집사 9명을 죽여버렸다.

평원군이 이를 알고 조사를 죽이려고 하자, 그가 말하였다.

"납세를 하지 않는 것은 국법을 어기는 일입니다. 그런데 국법이 침해되면 곧 나라는 약해지고, 나라가 약해지면 제후들이 침략해 옵니다. 제후가 침략하면 곧 나라는 망하고 마는 것입니다. 그때 가서는 아무리 재산을 아끼려고 해도 소용이 없습니다. 그러므로 높은 자리에 있는 분들이 솔선수범하여 조세의 의무를 수행한다면 상하가 공평하게 되고, 상하가 공평하게 되면 나라가 부강해집니다. 조나라가 강해지면 제후들이 함부로 넘보지 못하고, 조나라 왕가의 일족이신 평원군께서 솔선수범을 보이면 감히 제후들이 가볍게 보지 못할 것입니다."

이 말을 듣고 평원군은 크게 뉘우쳤다. 그리고 조사를 현자(賢者)라고 생각하였다.

평원군은 조나라 혜문왕에게 조사를 추천하여 국가의 부세(賦稅)를 맡아보게 하였다. 그후 조사는 공평하게 세무 처리를 하여 백성들이 아무런 불평 없이 세금을 잘 냈으며, 따라서 국고는 충실하게 되었다.

이때 진나라는 한나라를 치고 나서 알여(閼與)에 진군하여 조나라를 위협하였다.

혜문왕은 장군 염파를 불러 의논하였다.

"알여를 구출할 수 있겠는가?"

"길이 멀고 험난하여 구출하기 어렵습니다."

염파가 이렇게 대답하자, 혜문왕은 다시 악승(樂乘)을 불러 물었다. 그러나 악승의 대답 역시 염파와 같았다.

혜문왕은 국가 부세를 맡아보는 조사를 불러 똑같이 물었다.

"알여는 길이 멀고 험난하고 좁은 곳입니다. 비유한다면 두 마리의 쥐가 작은 구멍 속에서 싸우는 것과 같아서 장수가 용감한 편이 이깁니다."

혜문왕은 조사를 장수로 삼아 알여를 구출하도록 하였다.

조사는 한단(邯鄲)을 떠나 30리쯤 진군한 뒤 군사들을 모아놓고 다음과 같이 명령하였다.

"지금부터 군사(軍事)에 대하여 간언하는 자가 있으면 사형에 처할 것이다."

마침 그때 진나라 군대가 무안(武安)의 서쪽에 진을 쳤다. 진나라 군사들이 북을 치고 함성을 지르니, 그 소리에 지붕의 기왓장이 들썩거릴 지경이었다.

척후병이 돌아와 조사에게 보고하였다.

"지금 진나라 군사는 무안에 집결해 있습니다. 알여보다 무안을 구하는 일이 시급합니다."

조사는 이렇게 말하는 척후병을 그 자리에서 군령대로 참형에 처하였다. 그 뒤부터 아무도 간언하는 자가 없었다.

조사는 누벽을 더욱 견고히 하고 한 발짝도 나가지 않은 채 28일 동안 머물러 있었다. 마침 그때 진나라 간첩이 조나라 진영에 들어왔다가 잡혔다. 조사는 그를 죽이지 않고 오히려 후히 대접하여 돌려보냈다.

그 간첩은 조나라 진중에 가서 보고 들은 것을 진나라 장군에게 그대로 보고하였다.

"흐음, 국도에서 겨우 30리 떨어진 곳에다 누벽을 쌓고 머물러 있다니 조나라 장군은 바보가 아닌가? 알여는 이미 조나라의 땅이 아니다."

진나라 장군은 조사가 국가 부세를 맡아보던 관리 출신이란 사실을 알고 얕잡아보았다.

그런데 조사는 진나라 간첩을 돌려보내고 나서 급히 무거운 갑옷을 벗고 전군을 가벼운 차림으로 신속하게 진군시켜 알여에서 50리쯤 떨어진 곳에 진을 쳤다. 그리고 정예 궁수들을 빼돌려 본진에서 멀리 떨어져 있게 하였다.

이때 조사의 부장 허력(許歷)이 말하였다.

"진나라 군대는 지금 우리 조나라 군대가 여기 와 있을 것이라고 생각하지 않을 것입니다. 그렇기 때문에 알여를 급습하려는 진

나라 군대가 더욱 진군의 속도를 빨리하여 쳐들어올 것입니다. 우
리도 군대의 기세를 더욱 강화하여 이에 방비해야 합니다. 그렇지
않으면 패합니다.”

조사가 물었다.

“그래 어찌하면 좋겠소?”

“여기서는 북산(北山)의 정상을 먼저 차지하는 군대가 이깁니
다. 틀림없이 진나라 군대도 도착 즉시 북산 정상으로 오를 것입니
다.”

“고맙네. 그런데 자네는 나에게 군사에 관한 것을 간하였으니
어찌하면 좋겠나?”

조사는 그러면서 빙그레 웃었다.

“군령대로 저를 처형해 주십시오.”

“물론 군령대로 해야지. 그러나 지금은 아니네. 우선 자네는 군
사 1만을 끌고 북산 정상에 올라가 진나라 군대가 오기를 기다려 일
망타진하게. 아마 지금쯤 궁수들이 먼저 산 정상에 도착해 있을 것
이네.”

허력은 목숨을 살려주는 것만으로도 신바람이 나서 군사 1만을
끌고 질풍노도처럼 북산 정상을 향해 달려갔다.

그리고 나서 이틀 낮과 하룻밤이 지났을 때 드디어 진나라 군대
가 북산을 향해 진군해 들어왔다. 북산 정상에 궁수들과 함께 군사
1만을 매복시켜 놓고 있던 허력은 무방비 상태로 허겁지겁 산 정상
을 향해 오르는 진나라 군대를 크게 격파하였다.

조사가 알여를 구하고 개선하자, 조나라 혜문왕은 그를 마복군

(馬服君)에 봉하고, 허력에게는 국위(國尉)의 벼슬을 주었다.

혜문왕에게 개선 보고를 하고 물러나온 직후 허력이 조사에게 물었다.

"전날 군사 문제를 간했는데도 어째서 저를 처형하지 않았습니까?"

"그대는 자신의 목숨을 아끼지 않고 간하였네. 알여는 용감한 장수만이 싸움에서 이길 수 있기 때문에, 나는 그런 용감한 장수를 찾고 있었던 것이라네. 나는 그대에게 군사 1만을 주어 북산으로 보낼 때, 목숨을 담보로 싸우는 그대가 반드시 승리하리라는 걸 확신하였네."

조사는 그러면서 허력의 용기를 다시금 칭찬해 마지않았다.

조사의 지혜와 허력의 용기가 위기에 처한 조나라를 구하였다. 이처럼 지혜와 용기가 결합되면 대단히 큰 위력을 발휘한다. 유능한 리더가 되려면 함께 일할 수 있는 좋은 파트너를 찾아내는 안목을 갖고 있어야 한다.

늘 만약에 대비한 대책을 세워라

왕전

왕전의 리더십은 시황제로 하여금 자신을 믿게 만드는 데 있었다. 시황제가 그를 의심하였다면, 왕전은 전쟁터로 가는 도중 황명에 의하여 군사를 돌려야 했을 것이고, 그는 반역으로 몰려 억울한 죽임을 당했을 것이다. 훌륭한 리더는 '만약에' 일어날 수 있는 사태까지 방비할 대책을 세워놓고 어떤 일을 추진한다.

자신의 위기를 미리 알고 대처하는 능력이야말로 리더가 갖추어야 할 조건이다. 즉 지혜로움이 없는 용장은 자신의 능력만 믿다가 뜻하지 않은 함정에 빠질 우려가 있다. 자신을 지키기 위한 작은 욕심은 용서가 되지만, 자기 과신으로 자만에 빠져 일을 그르치는 것은 용서될 수 없다.

중국 진나라 시황제 때 천하통일을 하는데 주역을 맡았던 대표적인 장군은 왕전과 몽염이다. 왕전은 몽염보다 나이가 많은 백전노장이었다.

시황제는 이미 삼진(三晋)을 멸망시키고, 연(燕)나라 왕을 달아나게 하였다. 그리고 다시 형(荊)나라를 치려고 할 때 장군들을 모아놓고 물었다.

"짐이 이제 형나라를 치려 하는데, 장군들 생각에 군사 몇 명이면 족할 듯하오?"

아직 연소하지만 용맹스런 장수 이신(李信)이 대답하였다.

"20만 명이면 충분할 듯합니다."

시황제는 다시 왕전에게 물었다.

"60만 명의 대군이 있어야 합니다."

"왕전 장군은 이제 늙었구려. 이신은 20만 명이면 형나라를 물리칠 수 있다고 하는데, 무엇을 그리 겁내시오?"

시황제는 이신의 말이 옳다고 생각하였다. 그리고 곧 군사 20만 명을 주어 이신으로 하여금 형나라를 치라 명하였다. 젊은 혈기만 믿었던 이신은 결국 형나라 군사들에게 패하고 말았다.

이 소식을 들은 시황제는 깜짝 놀랐다.

"역시 젊은 패기만을 보고 이신을 보낸 것이 잘못이구나. 왕전 장군이 있어야 한다."

시황제는 신하들에게 왕전이 있는 곳을 물었다.

"지금 빈양에 있습니다."

"행차를 준비하라! 짐이 직접 가서 왕전 장군을 만나겠다."

시황제는 곧 빈양으로 행차하였다.

병을 핑계로 누워 있는 왕전에게 시황제가 말하였다.

"짐이 장군의 계략을 채용치 않았더니 결국 패기만을 앞세운 이신이 진나라 군사의 명예를 실추시켰소. 지금 들으니 형나라 군대가 승승장구 진격을 계속하여 서쪽으로 오고 있다 하오. 장군이 나서주어야 하겠소."

"저는 이미 몸이 병들었고, 정신조차 희미합니다. 대왕께서는 다시 현명한 장수를 찾아주십시오."

왕전의 이 같은 말에 시황제는 다급하였다.

"장군은 다시 그런 말을 하지 마오. 부디 짐을 실망시키지 않겠다고 대답해 주시오."

"그렇다면 조건이 있습니다."

"무슨 조건이오? 내가 다 들어주겠소."

"조건은 두 가집니다. 첫째 60만 대군을 출전케 해주십시오. 그리고 둘째 저에게 정원과 연못이 있는 대저택과 밭을 하사하여 주십시오.”

“좋소. 그렇게 할 테니, 장군은 염려 말고 출전하시오.”

왕전이 60만 대군을 이끌고 출전할 때, 시황제는 몸소 파수까지 나와 전송하였다.

그런데 왕전은 출정에 앞서 시황제에게 약속대로 자신에게 큰 저택과 밭을 내려줄 것을 몇 번이나 다짐받았다. 옆에 있는 부하 장수들조차 민망스러워 할 정도였다.

군사를 대동하고 함곡관에 이르렀을 때, 왕전은 다시 사람을 보내어 시황제의 다짐을 무려 다섯 번이나 받아두었다.

행군을 하면서 부관이 왕전에게 물었다.

“장군께서 대왕께 끝없이 대저택과 밭을 요구한 것은 너무 심한 일 같습니다.”

그러자 왕전이 대답하였다.

“그렇지 않다네. 대왕은 의심이 많은 분이거든. 내가 60만 대군을 끌고 출전하고 나면 진나라는 텅 비게 되지. 정예 병력은 거의 다 출전한 것이다. 대왕께서 만약 내가 다른 뜻을 품고 있다고 의심하게 되면 어떻게 되겠나? 그래서 나를 의심하지 않게 하기 위해 ‘나는 작은 욕심밖에 없다’ 는 것을 누차에 걸쳐 강조한 것이라네.”

왕전의 말에 부관은 그때서야 고개를 끄덕였다.

“옳으신 말씀입니다.”

형나라에 당도한 왕전은 누벽을 굳건히 하여 지키기만 할 뿐 공격을 하지 않았다. 형나라 군사가 나와 도전을 하였으나 꿈쩍도 하지 않은 채, 날마다 군사들을 쉬게 하였다. 매일 목욕을 하도록 하

고 좋은 음식을 먹게 하였으며, 따뜻한 말로 군사들을 위로해 주었
다.

어느 날 왕전은 부관에게 말하였다.

"군사들이 무엇을 하고 있는지 알아보고 오라."

"행군의 피로가 완전히 풀린 것 같습니다. 돌 던지기와 달리기
놀이에 열중하고 있습니다."

부관이 보고하였다.

"사기가 충천해 있단 말이지? 이제 사졸들을 쓸 수가 있게 되었
다."

왕전이 말하였다.

마침 그때 형나라 군사들은 초나라 군사들에게 매일 싸움을 걸
다가 지쳐 군사를 이끌고 동쪽으로 향했다는 보고가 들어왔다.

"기회는 바로 지금이다!"

왕전은 전군에게 형나라 군사들을 추격하라는 명령을 내렸다.

졸지에 형나라 군사들은 쫓기는 입장이 되었다. 기수 남쪽에 이
르러 장군 항연(項燕)까지 죽고 나자, 형나라 군사는 완전히 패주하
였다.

왕전은 그 기세를 몰아 형나라 왕 부추(負芻)를 사로잡음으로써
형나라를 완전히 평정하였으며, 그곳을 진나라의 군현으로 삼았다.

백전노장 왕전의 리더십은 시황제로 하여금 자신을 믿게 만드
는 데 있었다. 시황제가 그를 의심하였다면, 왕전은 전쟁터로 가는
도중 황명에 의하여 군사를 돌려야 했을 것이고, 그는 반역으로 몰

려 억울한 죽임을 당했을 것이다. 시기하는 자가 반드시 그를 모함했을 것이기 때문이다. 훌륭한 리더는 '만약에' 일어날 수 있는 사태까지 방비할 대책을 세워놓고 어떤 일을 추진한다. 아무리 완벽한 방벽이라 하더라도 물이 새는 곳은 반드시 생기게 마련이기 때문이다.

인재는 가까이에 숨어 있다

모수

인재가 아주 가까운 곳에 숨어 있는데도 불구하고 많은 사람들은 먼 데서 인재를 구하려고 한다. 가까운 데 있는 인재를 발굴하는 사람이 훌륭한 리더다.

'등잔 밑이 어둡다'는 말처럼, 자신의 아주 가까운 곳에 숨은 인재가 있는 법이다. 그런데 많은 사람들이 멀리서 인재를 찾으려고 한다. 숨은 인재가 보이지 않는 것은, 그가 '흙 속에 묻혀 있는 진주'이기 때문이다. 흙 속의 진주도 임자를 만나면 곧 자신을 드러내듯이, 아무리 숨어 있는 인재라 하더라도 그 주인을 만나면 스스로 모습을 드러낸다.

중국 조(趙)나라의 공자(公子) 평원군(平原君)은 이름이 조승(趙勝)인데, 여러 공자들 중에서 가장 현명하여 그의 집으로 많은 식객들이 몰려들었다. 그는 조나라의 혜문왕(惠文王)과 효성왕(孝成王) 때에 재상을 지냈으며, 그는 세 번씩이나 재상의 자리에 올랐다.

진(秦)나라가 조나라의 수도 한단(邯鄲)을 포위하였을 때였다. 조나라에서는 평원군을 시켜 초나라에 구원병을 요청하려고 하였다.

평원군은 초나라로 떠날 때 식객과 문하의 가신들 중 용력이 있고 문무를 겸비한 사람 스무 명을 데리고 가기로 하였다. 그런데 열아홉 명을 선정하고 나머지 한 명을 누구로 뽑아야 할지 망설이고 있었다.

"저를 꼭 이번 행차에 참여토록 해주십시오."

그때 선뜻 평원군 앞으로 나선 사람이 있었다.

"처음 보는 것 같은데, 그대는 누구시오?"

평원군이 물었다.

"저는 모수(毛遂)라고 합니다."

"선생께선 우리 집에 몇 년이나 계시었소?"

"3년입니다."

"현명한 선비는 주머니 속의 송곳과 같아서 당장에 그 끝이 밖으로 드러나는 법입니다. 선생은 3년 동안 있었는데도 좌우 사람들의 칭송하는 소리를 들어보지 못했으며, 저도 오늘 처음 보는 것 같으니 어찌된 일입니까? 이것은 선생께서 지닌 재능이 없기 때문이니, 이번과 같은 나라의 존망이 걸린 중요한 행차에는 동행시킬 수가 없을 것 같습니다."

평원군의 이 같은 결론에 모수가 정색을 하고 말하였다.

"저는 오늘에서야 비로소 주머니 속에 있는 송곳이 되기를 청했을 뿐입니다. 만약 제가 일찍부터 주머니 속의 송곳이 되기를 원했다면, 이미 그 송곳은 자루까지 주머니 속에서 빠져나왔을 것입니다."

모수의 말은 그럴 듯하였다. 그래서 평원군은 일단 그를 일행에 끼워넣기로 하였다. 그러나 그에게 큰 기대를 걸지는 않았다.

평원군 일행은 곧 초나라에 도착하였다. 그는 초나라와 합종(合從)하여 진나라를 쳐야 한다는 조나라의 의견을 내놓았다. 초나라 대신들의 반대가 심하여 한나절이 지나도 결론이 나지 않았다.

보다 못한 모수가 칼을 들고 섬돌에 올라가, 단상에 초나라 왕과 함께 앉아 있는 평원군에게 물었다.

"대체 합종이라 함은 단 두 마디로 결정을 하는 일인데, 한나절이 지나도 결론을 내리지 못하는 이유가 뭡니까?"

그러자 초나라 왕이 깜짝 놀라 평원군에게 물었다.

"저 사람은 누구요?"

"저와 같이 온 객인입니다."

평원군의 말을 들은 초나라 왕은 대뜸 모수를 향하여 꾸짖었다.

"당장 물러가라. 지금 과인이 너의 주군과 중요한 협상을 하고 있거늘 감히 객인 주제에 나서다니!"

그러자 모수는 단상으로 뛰어올라가 초나라 왕에게 칼을 들이대며 말하였다.

"대왕께서 저를 꾸짖는 것은 지금 이곳에 초나라 사람들이 많다고 생각하기 때문입니다. 그러나 지금 저는 열 걸음 앞에 와 있습니다. 대왕의 목숨은 저의 손에 달려 있다는 사실을 아셔야 합니다. 우리 주군께서 앞에 계신데 저를 꾸짖는 것은 대왕의 도리에 어긋나는 일입니다. 옛날 은나라의 탕왕은 70리 땅만 가지고도 천하의 왕 노릇을 하였으며, 주나라의 문왕은 100리의 땅을 가지고 제후들을 신하로 삼았습니다. 어찌 대왕께서는 사졸이 많다는 것을 가지고 이처럼 위세를 세우시는 겁니까? 지금 초나라 땅은 사방이 5천 리이고, 군사가 1백만입니다. 이것은 곧 패자(霸者)가 될 수 있는 바탕이니, 이러한 강대함을 잘 활용하면 천하에 당해낼 나라가 없을 것입니다. 일전에 진나라의 졸장 백기(白起)는 불과 수만 명을 거느리고 와서 초나라와 한 번 싸워 언영의 땅을 공략하고, 두 번 싸워 이릉(夷陵)을 불살랐으며, 세 번 싸워 선대 왕의 능묘를 욕보였습니다. 이것은 초나라가 백대를 넘겨도 잊지 못할 천추의 원수입니다. 우리 조나라조차 그것을 부끄럽게 여기고 있는데, 당사자인 초나라 에서는 도대체 진나라의 그와 같은 오만방자함을 관망만 하고 계실 것입니까?"

모수의 말에 초나라 왕은 신음소리를 깨물며 말하였다.

"으음! 선생의 말이 맞소. 합종에 찬성하는 바이오."

모수가 좌우를 돌아보고 소리쳤다.

"자, 조나라와 초나라의 합종이 결정되었습니다. 어서 닭과 개 와 말의 피를 가져오시오."

초나라 왕은 측근을 시켜 모수의 요구대로 짐승의 피를 가져오 게 하였다. 나라끼리 맹약을 할 때 천자는 우마(牛馬)의 피를, 제후 는 개와 돼지의 피를, 그리고 대부(大夫) 이하는 닭의 피를 마시는 것이 관례였다.

모수는 곧 짐승의 피가 올려진 구리 쟁반을 받쳐 들고 꿇어앉아 초나라 왕에게 말하였다.

"대왕께서 먼저 말의 피를 마시십시오. 다음은 우리 주군께서, 그리고 다음은 제가 마시겠습니다."

이렇게 피를 마심으로써 드디어 정식으로 조나라와 초나라의 합종이 이루어졌다.

조나라로 돌아왔을 때, 평원군은 많은 선비들에게 이렇게 말하 였다.

"앞으로 나는 섣불리 인물을 감정할 수가 없게 되었습니다. 내 가 지금까지 선비들의 관상을 보아온 것이 1천 명을 넘었으며, 단한 번도 잘못 보았다고 생각한 적이 없었습니다. 그런데 이번에 모수 선생의 관상은 결정적으로 잘못 본 경우입니다. 모수 선생이 한 번 초나라에 가자, 당장 조나라는 든든해졌습니다. 그리고 모수 선생이 한 번 놀린 세 치의 혀는, 1백만 명의 군사보다 강했습니다. 나는 이후 감히 인물을 감정할 줄 안다고 자처하지 않겠습니다.”

그 후 평원군은 모수를 상객(上客)으로 대우하였다.

이처럼 인재가 아주 가까운 곳에 숨어 있는데도 불구하고 많은 사람들은 먼 데서 인재를 구하려고 한다. 가까운 데 있는 인재를 발굴하는 사람이 훌륭한 리더다. ‘인재 구하기’는 될성부른 나무를 발견해 재목으로 키우는 것이지, 이미 큰 재목을 비싼 돈을 들여 사오는 것이 아니다.

손실은 적고 이득은 크게 하라

이목은 군비를 강화할 줄 알았고, 군사들의 사기를 진작시킬 줄 알았고,

허허실실(虛虛實實)의 전법으로 적군에게 아군의 진짜 실력을 숨길 줄 알았으며,

먼저 적게 주면서 나중에 크게 이기는 이해득실(利害得失)을 따질 줄 알았다.

*

전쟁은 이기는 데 목적이 있고, 기업 경영은 이득을 내는 데 목적이 있다. 따라서 장군은 아군의 손실을 적게 하면서 적군에게 큰 손실을 입혀야 전쟁에서 이기는 것이고, 기업을 이끄는 리더는 적은 투자로 많은 이득을 내는 것이 가장 바람직한 경영 전략이라 할 수 있다.

중국 조(趙)나라 때의 장군 이목(李牧)은 북쪽 변방에서 흉노의 침입을 막고 있었다. 그는 임의로 조세를 걷는 관리를 두어 군비를 확충하고, 날마다 소를 몇 마리씩 잡아 사졸들에게 배불리 먹였다. 또한 말 타기와 활쏘기를 익히게 하는 한편, 많은 간첩을 곳곳에 풀어놓아 적의 동태를 살피게 하였다. 그리고 흉노가 침입을 하더라도 요란을 떨며 봉화를 올리지 못하게 하였다.

그런 다음 이목은 군사들에게 다음과 같은 군령을 내렸다.

"만일 흉노가 쳐들어와 도둑질을 하거든 급히 성 안으로 들어와 가축들을 보전하라. 그리고 감히 흉노를 포로로 잡아들이는 자가 있으면 참형에 처하리라."

이렇게 하기를 수년 동안 하여, 변방의 백성들이 흉노들에게 가축을 잃어버리는 일이 없었다. 그러나 흉노들은 이목을 '겁쟁이' 라고 놀려댔다. 뿐만 아니라 조나라 군사들까지도 그를 '겁쟁이 장군' 이라고 생각하였다.

이목이 겁쟁이라는 소문은 조나라 조정에까지 들어갔다.

"당장 이목을 소환하라."

조나라 왕은 화가 나서 이목은 소환하고, 다른 장수를 변방에 내보냈다.

그러나 새로운 장군으로 바뀌고 1년 남짓 지나는 동안 흉노와의 싸움에 번번이 패하였으며, 가축들도 많이 도둑질당하였다. 변방의 백성들은 다시 이목을 장군으로 보내줄 것을 요청하였다.

이때 이목은 병을 핑계로 집안에 들어앉아 나오지 않았다. 조나라 왕이 다시 그를 변방의 장군으로 삼고자 하여 불렀다.

이목이 말하였다.

"대왕께서 반드시 저를 쓰신다면, 저는 전날과 같이 할 것입니다. 그래도 좋으시다면 감히 명령을 받들겠습니다."

조나라 왕은 그렇게 하라고 허락하였다.

이목은 다시 변방의 장군으로 나가 옛날처럼 그대로 하였다. 흉노들은 옛날처럼 그를 '겁쟁이 장군'이라고 비웃었으나, 1년 전과 같이 가축들을 마음대로 도둑질하지는 못하였다.

한편 이목이 이끄는 변방의 조나라 군사들은 도무지 몸이 근질거려 견딜 수가 없었다. 부상을 당할지라도 한번 나가서 흉노군과 멋지게 겨뤄보고 싶은 생각이 굴뚝 같았다. 또한 전쟁이 없으니 상 받을 기회가 없다는 것도 군사들의 불만이었다.

이목은 이제 때가 왔다고 생각하였다. 그는 전차 1천3백 대와 기마 1만3천 기를 가려 뽑았다. 그리 정예 군사 5만 명과 궁수 10만 명을 엄선하여 대기시켰다.

이제 정말 제대로 된 싸움을 한번 하는가 싶었다. 그런데 이목의 용병술은 특이하였다. 백성들로 하여금 들판에다 가축들을 크게 방목하도록 하였으며, 그 들판에서 보란 듯이 군사들에게 전투 연습을 시켰다.

그런 연후에 이목은 군사들에게 다시금 군령을 내렸다.

"흉노가 침입하면 조금씩 싸우면서 패하는 척 성내로 도망쳐라. 명령을 어기는 자는 목을 베겠다."

한편 흉노의 우두머리 선우(單于)는 조나라 군사들이 들판에 나와 전투 훈련을 하고 있다는 보고를 듣고 크게 군사를 일으켜 침입하였다.

그런데 이목은 미리 흉노가 침입하기 전에 들판 숲속에 군사 수천 명을 매복시켜 놓았으며, 나머지 군사들은 싸우다 패하는 척 후퇴하도록 하였다.

흉노의 대군이 성을 향해 쳐들어오자 이목은 진(陳)을 마치 새의 양 날개처럼 펼쳐놓았다. 이것은 이목이 창안한 기진(奇陳)이었다.

그러나 흉노의 선우는 이목을 '겁쟁이 장군' 으로 알고 그 진법조차 무시해 버렸다.

"이목 따위의 진법은 무섭지 않다. 전군이 한꺼번에 쳐들어간다!"

선우의 명령이 떨어지자 흉노군 수십만 명은 일시에 함성을 지르며 조나라의 성을 공략하였다.

이목은 수시로 진법을 바꾸어 흉노군의 공격을 분산시켰다. 조나라 군사는 좌측에서 번쩍 했다가 사라지고, 다시 우측에서 튀어

나왔으며, 우측이 사라지면 후방에서 함성이 들려왔다.

흉노군은 삽시간에 갈팡질팡 정신을 차리지 못하고 무너졌다. 이 전투에서 흉노군 10여만 명이 몰살당하였다. 이목은 그 여세를 몰아 흉노의 본거지를 완벽하게 쳐부수었으며, 동호(東胡)와 임호(林胡)를 깨뜨렸다. 흉노의 선우는 잔뜩 겁을 집어먹고 쫓겨 달아나, 그후 10여 년 동안 감히 조나라의 국경을 넘보지 못하였다.

이목은 '겁쟁이 장군'이 아니라 실로 '무서운 장군'이었다. 그는 군비를 강화할 줄 알았고, 군사들의 사기를 진작시킬 줄 알았고, 허허실실(虛虛實失)의 전법으로 적군에게 아군의 진짜 실력을 숨길 줄 알았으며, 먼저 적게 주면서 나중에 크게 이기는 이해득실(利害得失)을 따질 줄 알았다.

기업을 이끄는 리더들은 이목에게서 사기진작, 허허실실, 이해득실의 지혜를 얻을 수 있다. 즉 먼저 사원들의 사기를 돋우어야 하며, 허허실실의 전법으로 기업의 기밀이 새어나가지 않게 하고, 처음에는 다소 손해를 보더라도 나중에 큰 이득을 얻을 수 있도록 신사업에 대한 선투자에 인색하지 말아야 한다.

훌륭한 리더 뒤에 참다운 스승이 있다

태공망

태공망은 주나라가 천하의 패자로 군림하는 데 등불 같은 역할을 한 인물이다.

훌륭한 리더 뒤에는 반드시 참다운 스승이 있음도 알아두어야 한다.

캄캄한 어둠 속에 있을 때 누구나 불안을 느낀다. 그러나 저 멀리 등불이 보이기 시작하면 안도의 숨을 내쉬며 길을 바로 찾아가게 된다. 그 등불이 바로 인생의 스승이다. 참다운 스승을 만나면 바른 길이 보이기 시작하고, 그 스승의 말을 잘 따르면 성공의 길이 열린다.

중국 주(周)나라 무왕(武王)의 태자 시절 이름은 발(發)이었다. 그의 아버지 서백(西伯)은 문왕(文王)인데 덕으로 다스려 주나라를 반석 위에 올려놓았다. 그 뒤를 이어 즉위한 무왕은 군사를 길러 제후들을 그 아래 굴복시키고 천하를 통치하였다.

이처럼 주나라는 문왕과 무왕 시절에 가장 부흥한 국가가 되었다. 그런데 이 두 왕으로 하여금 덕치주의 정치를 하도록 한 사람은 바로 태공망(太公望)이었다.

태공망의 성은 강씨(姜氏)였고, 이름은 여상(呂商)이었다. 동해 바닷가 태생인 그는, 당시 은나라 주왕의 포악한 정치를 혐오하며 아예 관직에 나가지 않은 채 초야에 묻혀 낚시질로 세월을 보내고 있었다.

이때 주나라 문왕이 사냥을 나가기 위해 점을 쳤다는데, 그 점괘가 이렇게 나왔다.

'획득하는 것이 용(龍)도 아니고 이(뿔 없는 용)도 아니며, 호랑이도 아니고 비(큰 곰)도 아니며, 패왕의 보좌가 될 사람이다.'

그날 문왕이 사냥을 나갔을 때 여상은 위수(渭水)의 강가에서 낚시를 드리우고 있었다. 잠시 대화를 나누어 보던 문왕은 강태공의 비범함을 보고 점괘에 나온 바로 그 인물이라 생각하였다.

"나의 선군인 태공(太公)께서 '마땅히 성인이 있어 주나라로 오게 될 것이며, 주나라는 이미 인물을 얻어 훌륭하게 될 것이다' 라고 말씀하셨는데, 당신이 바로 그분이오. 나의 태공이 오랫동안 당신을 기다리고 있었소."

문왕은 여상을 극진히 우대하였으며, 벼슬을 주어 주나라로 데려가려 하였다.

"제가 듣기로 서백은 현명하며, 또한 노인을 공경한다고 하던데 어찌 따라가지 않을 수 있겠습니까?"

서백, 즉 문왕은 여상의 말을 듣고 크게 기뻐하였다. 여상은 하릴없이 낚시질을 하고 있었던 것이 아니라 자신을 알아줄 군주가 나타나길 기다리고 있었던 것이다.

이때 여상이 그저 빈둥대며 낚시질만 하는 영감으로 알았던 그의 부인이 같이 따라가려고 했다. 그러나 여상은 늘 돈벌이 안 한다고 바가지만 긁어대던 부인과 함께 갈 마음이 없었다. 부인이 울면서 옷자락을 붙들고 매달리자 여상은 바가지로 물을 떠서 땅에 버리고 말하였다.

"이것을 다시 주워담으면 당신을 주나라로 데리고 가겠소!"

부인은 여상의 말에 따라 땅바닥에 쏟아진 물을 바가지에 주워담으려 하였으나, 이미 땅으로 스며든 물을 어찌할 수는 없는 노릇이었다. 결국 아내는 뒤늦게 출세한 남편 여상을 따라 주나라로 갈 수 없었다. '엎질러진 물은 다시 주워담을 수 없다' 는 말은 여기서 나왔다.

아무튼 주나라로 간 여상은, 이때부터 문왕이 말한 '태공(太公)이 기다렸다' 는 데서 기다릴 '망(望)' 자를 보태어 '태공망(太公望)' 이라 불리게 되었다. 흔히 그의 성을 따서 '강태공' 이라 부르는 사람도 있었다.

태공망은 병법과 지략이 뛰어났다. 그래서 문왕은 그를 스승을 삼았고, 태자인 발의 교육도 맡겼다. 문왕이 죽고 무왕이 즉위하였을 때, 그의 곁에는 태공망이 든든하게 버티고 있었다. 즉위 9년이 되었을 때 무왕은 아버지 문왕의 묘소에 참배를 하고, 그 유업을 받들어 군사를 동방으로 진군시켰다.

이때 무왕은 문왕의 위패를 만들어 수레에 싣고 떠났고, 그 자신은 스스로 '태자 발(發)' 이라 칭하였다. 이것은 곧 문왕의 명을 받아 정벌에 나선다는 것을 의미하였다.

태공망도 무왕을 보좌하여 출정하였다. 당시 무왕은 그를 '스승으로 존경하며 부친으로 우러러 본다' 는 뜻에서 '사상보(師尙父)' 라고 별도의 호칭을 정하여 불렀다.

무왕이 황하를 건널 때였다. 강 한가운데를 지나는데 백어(白魚)가 펄쩍 뛰어 왕의 배 가운데로 뛰어들었다.

"사상보께선 이 흰 물고기를 어떻게 보십니까?"

"흰색은 은나라의 색깔이니, 흰 물고기가 대왕의 배로 뛰어든 것은 은나라가 주나라에 복속될 징조입니다."

황하를 다 건너가자 불덩어리가 상류에서 다시 하류로 돌아 무왕의 진영에 이르러서는 까마귀로 변하였다. 그 까마귀의 색깔은 붉었으며, 그 우는 소리는 매우 안정되어 느릿느릿하였다. 무왕은 다시 태공망에게 물었다.

"붉은색은 주나라를 뜻하며, 붉은 까마귀의 울음소리가 안정되어 있다는 것은 대왕이 패업을 완수하여 주나라가 번영할 것이라는 전조입니다."

드디어 무왕의 군사는 동방을 정벌하여 맹진(盟津)에 이르렀다. 이때 뜻을 같이하기 위해 은나라를 배반하고 몰려든 제후가 무려 8백 명이나 되었다.

"이 기회에 은나라의 주왕을 쳐야 합니다."

제후들은 한결같이 주장하였다.

그러나 무왕은 결코 서두르지 않았다. 그는 우선 사상보 태공망에게 은나라 주왕을 칠 것인가 물어보았다. 태공망은 제후 8백 명을 얻은 것만으로 족하니, 일단 돌아가 군대를 정비하자고 말하였다.

"그대들은 아직도 천명이라는 것이 은나라에 있다는 것을 모른다. 아직 때가 이르다."

무왕은 태공망의 말대로 군사를 거두어 주나라로 돌아왔다.

그리고 2년이 흘렀다. 은나라 주왕이 왕자 비간을 살해하고 기자를 감옥에 가두었다는 소식을 접한 무왕은 드디어 때가 왔다고 생각하였다.

이때 무왕은 점술가를 불러 점괘를 뽑아보았다. 불길하게 나왔다. 그리고 곧 폭풍우가 세차게 몰아쳤다.

무왕은 망설였고, 제후들은 모두 떨었다.

그런데 이때 태공망이 나섰다.

"지금이 적기입니다. 때가 왔습니다. 아무리 점괘가 나쁘게 나와도 무르익은 때를 놓칠 수는 없습니다. 지금 대왕의 운은 천하를 얻고도 남을 만큼 좋습니다. 은나라 주왕은 아무 죄도 없는 왕자 비간를 무참하게 살해하여 백성의 원성이 드높습니다. 어서 군사를 일으켜 주왕의 죄를 물으십시오. 그래야 천하가 대왕의 손에 들어옵니다."

무왕은 태공망의 말에 용기를 얻어 드디어 은나라 주왕을 치기 위해 군사를 일으켰다.

은나라를 정벌한 무왕은 궁궐 안의 녹대에 저장했던 금은보화를 꺼내고, 곡식 창고에 저장했던 양식들을 풀어 빈민을 구제하였다. 그리고 무왕은 천하의 패자(覇者)로 군림하였다.

역사학자들은 태공망이 없었다면 주나라는 천하의 패자가 되지 못하였을 것이라고 말한다. 또한 문왕이 태공망을 알아주지 않고, 무왕이 태공망을 참된 스승으로 모시지 않았다면 주나라는 은나라를 감히 넘볼 수 없었을 것이라는 견해도 있다.

아무튼 태공망은 주나라가 천하의 패자로 군림하는 데 등불 같은 역할을 한 인물이다. 태공망이 큰 인물임을 간파하고 벼슬을 내린 문왕이나, 그를 아버지 버금가는 스승으로 모신 무왕이나 훌륭한 리더임에 틀림이 없다. 그러나 훌륭한 리더 뒤에는 반드시 참다운 스승이 있음도 알아두어야 한다.

사리사욕에 눈이 먼 사람

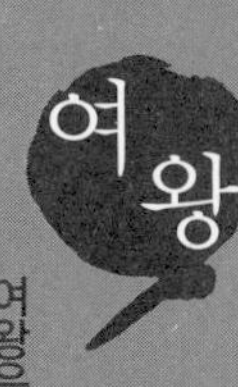

여왕은 사리사욕 때문에 나라를 망쳤다 · 나라의 경영은 베푸는 것이지 취하는 것이 아니다 · 그는 취하기만 하고 베풀지 않았기 때문에 백성들의 원성을 사서 이웃나라로 도망치는 신세가 되어버렸다 ·

*

리더는 어떤 의미로든 욕심이 많은 사람이다. 욕심에는 두 가지가 있는데, 하나는 재물에 대한 욕심이고, 다른 하나는 명예욕이다. 재물에 대한 욕심은 작은 것이고 명예욕은 큰 것이다. 유능한 리더는 작은 욕심을 버리고 큰 욕심을 택한다. 왜냐하면 작은 욕심에 대한 말로가 어떠하다는 것을 잘 알고 있기 때문이다.

중국 주나라 여왕은 욕심이 많았다. 당시 재물 챙기기를 좋아하는 사람으로 영(榮)나라 이공(夷公)이 있었는데, 여왕은 그 사람과 아주 가까이 지내면서 그에게 큰 관직을 내리려고 하였다. 이 소식을 들은 예(芮)나라의 양부(良夫)가 여왕을 찾아와 간하였다.

"왕실을 장차 쇠퇴하게 만드시려고 합니까? 영공(榮公)은 재물을 독점하기 좋아하는데, 반드시 그 결과로 좋지 않은 일이 일어날 것입니다. 욕심은 대체로 재물을 탐닉하게 하는 것인데, 그 재물은 천지(天地)가 만들어내는 것입니다. 그럼에도 불구하고 이것을 독점하려고 한다면, 거기에서 생기는 해가 막대할 것입니다. 천지간의 재물은 누구든지 모두 얻으려고 하는 것인데, 이것을 어떻게 독점할 수가 있겠습니까? 그런데도 독점만 하려고 고집한다면 노여움을 품게 되는 사람이 매우 많아질 것이며, 그 결과로 반드시 큰 난리가 일어날 것입니다."

여왕은 양부의 말에 인상을 잔뜩 찌푸렸다.

"그래서 귀공은 내게 대체 무슨 말을 하려는 건가?"

"조금 더 들어보십시오. 영공은 큰 난리가 일어날 것에 대비하지 않고 재물에만 강한 욕심을 품고 있습니다. 이렇게 해로운 것을 만약 대왕에게 가르친다면 장차 백성들의 원성을 사게 될 것입니다. 왕자(王者)라 함은 이득을 끌어내어 그것을 상하로 두루 퍼지게 하는 것입니다. 그런데 지금 대왕께서는 영공을 등용하여 재물을 독점하는 법을 배우려고 하니, 이래서야 어찌 나라 정치가 바로 서겠습니까? 필부가 이득을 취하여 독점하면 이를 도둑이라 합니다. 군왕의 지위에 계시면서 그런 일을 하시면, 장차 군왕을 따르는 자가 점점 없어질 것입니다. 만약 영공을 등용시킨다면 장차 주나라는 패망하고 만다는 사실을 염두에 두셔야 합니다."

여왕은 그러나 양부의 말을 듣지 않았다.

그리고 얼마 후 여왕은 영공을 경(卿)으로 임명하여 정사를 주관케 하였다. 영공이 정사를 맡으면서, 여왕은 그와 더불어 포악한 정치를 하였다. 여왕은 재물을 탐하고 사치스런 생활을 일삼았으며, 점점 오만해지기까지 하여 신하나 백성을 우습게 알았다.

어느 날 재상인 소공(召公)이 여왕에게 간하였다.

"대왕! 백성들의 원성이 높습니다. 대왕을 비방하는 자들이 많습니다."

여왕은 노하여 위나라 출신의 무당을 궁궐로 불러들였다. 무당은 직접 보지 않은 것이라 하더라도 신령의 힘으로 능히 알 수 있다고 생각하고, 여왕으로 하여금 나라 정치를 비방하는 자들을 무조건 잡아들여 죽이게 하였다.

그 결과 여왕을 비방하는 백성들은 적어졌다. 그러나 제후들은 더 이상 여왕을 신봉하지 않았다.

여왕이 즉위한 지 34년이 되었을 때는 더욱 엄중하게 백성들을 감시하여 누구도 함부로 비방을 일삼는 사람이 없었다. 그러나 만나면 서로 눈짓으로 원한에 사무친 마음을 주고받았다.

소공이 알현을 청했을 때 여왕은 아주 거만하게 말하였다.

"짐이 이제 백성들의 비방을 그치게 하였다. 백성들은 감히 입을 벌려 짐과 나라 정책을 비방하지 못할 것이다."

소공이 간하였다.

"그것이 아닙니다. 다만 백성들의 입만 막았을 뿐입니다. 백성들의 입을 막는다는 것은 물을 막는 것과 같습니다. 물이란 막았다가 터지게 되면 반드시 농사를 망치게 하고 사람과 가축을 상하게 합니다. 백성의 입을 막는 것도 이와 같습니다. 백성들의 가슴에 원성과 분노만 쌓이게 할 뿐입니다. 그래서 물을 다스리는 자는 물꼬를 터서 통하게 하고, 백성을 다스리는 자는 그들로 하여금 마음대로 말을 하게 합니다. 백성들이 입으로 자유롭게 말을 한다는 것은, 이로 인하여 다스리는 자가 선정을 베푸느냐 실정을 하느냐를 알 수 있게 만들기 때문에 중요한 일입니다."

그러나 여왕은 소공의 말을 여전히 한 귀로 듣고 흘려버렸다.

그로부터 3년이 지나자 백성들이 궐기하여 여왕이 있는 궁궐을 습격하였다. 제후들도 이에 합세하였다. 여왕은 구사일생으로 궁궐을 겨우 빠져나와 체나라로 도망쳤다.

여왕은 사리사욕 때문에 나라를 망쳤다. 나라의 경영은 베푸는 것이지 취하는 것이 아니다. 그는 취하기만 하고 베풀지 않았기 때문에 백성들의 원성을 사서 이웃나라로 도망치는 신세가 되어버렸다.

기업 경영의 원칙 또한 이와 다르지 않다. 경영은 열심히 함께 벌어 골고루 나누어주는 것이지, 여러 사람이 흘린 땀의 결과를 혼자 독차지하는 것이 아니다. 훌륭한 리더는 먼저 다른 사람을 위해 어떻게 베풀 것인가를 생각하고, 자신은 그들의 박수갈채를 더 큰 명예로 간직할 줄 안다.

꿈은 크게 배짱은 두둑하게

항우

리더는 큰 꿈과 두둑한 배짱이 있어야 한다. 어릴 적부터 '진시황'의 자리를 넘본 항우가 뒤에 '초패왕'이 되어 세상을 호령한 것도 꿈이 크고 배짱이 두둑하였기 때문에 가능한 일이었다.

*

어릴 적부터 큰 꿈을 가진 사람이 커서 큰 인물이 되는 경우가 많다. 그런 인물들의 경우 특히 배짱이 두둑하여 어떤 위험이 닥쳐와도 절대 겁을 먹지 않는다.

'초패왕(楚覇王)'으로 잘 알려진 중국 초나라의 항우(項羽)는 조상 대대로 초나라 장군을 지낸 집안에서 태어났다. 집에서는 소년 시절부터 그에게 글공부를 시켰는데, 별로 신통치가 못했다.

그런 어린 항우를 지켜보던 막내 숙부 항량(項梁)은 무술을 가르쳐보기로 하였다. 당시 항량은 무술을 연마하고 있었다.

항량은 조카 항우에게 검술을 가르쳤는데, 검술에도 별로 재능이 없는 듯했다.

"항우야, 넌 이다음에 뭐가 되려고 그러니? 글공부를 잘하나, 검술을 잘하나? 뭐라도 한 가지 잘하는 것이 있어야 말이지!"

항량은 어린 항우에게 이렇게 면박을 주었다.

"삼촌! 염려하지 마세요. 글공부 따위는 제 이름자나 적을 줄 알면 충분합니다. 검술도 결국 한 사람의 적을 상대하는 것일 뿐, 그까짓 거 배워봤자 무슨 소용이 있습니까? 이왕 배울 바에야 만인을 상대로 싸우는 법을 익혀야지요."

이와 같은 조카의 말에 항량은, 이번에는 병법을 가르쳐보기로 하였다. 그랬더니 항우는 열심히 병법을 공부하였다. 그러나 그것도 오래 가지 않았다. 대충 요점만 터득하고는 집어치우고 말았다.

그래도 항량은 조카 항우를 아꼈으며, 늘 곁에 데리고 다녔다.

마침 그 무렵, 진나라의 시황제가 순행을 하던 도중 절강(浙江)을 건널 때의 일이었다. 항량은 항우와 함께 그 거대한 황제의 행렬을 보러 갔다.

시황제의 화려한 순행 마차가 지나갈 때였다.

"머지않아 내가 저놈의 자리를 차지하리라……."

소년 항우가 이렇게 중얼거렸다. 이 말을 듣고 있던 항량은 당황하여 얼른 조카의 입을 틀어막았다.

"함부로 지껄이지 마라. 우리 일족이 몰살당할 수도 있어!"

항량은 이렇게 말했지만, 이때 조카 항우가 보통 인물은 아니라는 생각을 하게 되었다. 우선 그 포부가 대단하였던 것이다.

청년이 되었을 때 항우는 키가 8자가 넘었으며, 힘은 무쇠솥을 가볍게 들 만큼 세었다. 재능도 탁월하여 이미 고을 안의 젊은이들 중에는 모든 면에서 그와 견줄 만한 자가 없었다.

진나라 2세황제 원년 7월에 진승을 중심으로 한 일당이 대택향(大澤鄕)에서 봉기하였다. 그로부터 두 달이 지난 후 항량은 회계군 수령 은통(殷通)으로부터 면담 요청을 받았다.

"진승이 일으킨 반란군은 현재 장강(長江)의 서북 일대에 퍼져 있소. 이제 진나라는 천운을 잃은 것이오. 이 기회를 놓치면 안 될 것 같소. 선수를 치면 남을 제압할 수 있고 반대로 뒤늦으면 남에게 제압당한다고 들었소. 이제 나도 거병을 할 생각이오. 귀공과 환초(桓楚)가 내 막하에 들어와 주었으면 하는데 어떻게 생각하시오?"

항량은 이때 한 가지 계략을 생각해 내었다. 사실 그도 이런 때가 올 것이라 생각하고 무술을 연마해 둔 것이며, 여러 곳에 믿을 만한 사람들을 사귀어두고 있었다. 그러나 그의 생각에 회계군 수령 은통은 큰 인물이 못 되었다.

"원초는 지금 도망다니고 있는 중이오. 다행히도 그가 있는 곳을 제 조카가 알고 있습니다."

"그래요? 그럼 얼른 귀공의 조카를 데려오시오."

은통은 항량의 계략을 눈치채지 못하였다.

항량은 곧 밖으로 나와 조카 항우에게 귓속말로 자신의 계략을 이야기하였다.

항우는 대검을 차고 항량과 함께 곧 은통에게로 갔다.

"제 조카 항우입니다."

항량은 은통에게 조카를 소개시키는 척하면서 항우에게 눈짓을 보냈다.

항우는 대검을 빼어 단칼에 은통의 목을 베어버렸다.

항량은 곧 회계군 수령이 되고, 항우는 그 부장(副將)이 되었다. 그리고 그들은 회계군의 군사 8천 명을 이끌고 봉기하였다.

그때 동양현(東陽縣)을 장악하고 있던 진영이란 사람은, 항씨(項氏)가 회계군에서 봉기하였다는 소식을 접하고 반란군 2만 명을 소집하여 이렇게 말하였다.

"항씨네는 대대로 장군을 지낸 명문이며 초나라에서도 잘 알려진 집안이다. 큰일을 치르고자 할 때는 역시 항씨 출신의 장군을 받들지 않으면 안 될 것이다. 우리의 목적은 어디까지나 진나라를 타도하자는 데 있으니 항씨와 같은 명문 집안의 인물을 따라야 될 줄로 안다."

진영의 말에 2만의 군사는 모두 박수로 환호하였다. 이렇게 하여 항량와 항우가 이끄는 군사는 크게 늘어났다.

이처럼 항우는 진나라에 반기를 들고 일어났으며, 숙부 항량 밑에서 탄탄한 세력권을 형성하였다. 어려서부터 조카의 큰 포부를 알아본 항량은, 항우가 군사의 전권을 장악하기 전까지 그 토대를 마련하고 때로는 방패막이까지 되어주는 역할을 했던 것이다.

항량이 정도(定陶)에서 진나라 장군 장한(章邯)의 군사를 맞아 어이없는 참패를 당하여 전사했을 때, 항우는 상장군 송의(宋義) 밑의 차장(次將)이 되었다. 초나라 대군은 진나라 장한의 군사를 공격하기 위해 팽성을 떠나 안양(安陽)으로 이동하였다. 그런데 안양에 당도한 지 46일이 지나도록 상장군 송의는 군사를 움직이지 않았다.

차장인 항우는 숙부 항량의 원수를 갚아야 한다는 생각에 마음이 급했다.

"상장군! 진나라 군사는 조나라 군사를 거록(鋸鹿)에서 포위하고 있다지 않습니까? 지체없이 행동을 취하여 우리 군사도 황하를 건너야 합니다. 우리가 밖에서 공격하고 조나라 군사가 안에서 호응하면 진나라 장한의 군사는 틀림없이 무너집니다."

그러나 송의는 항우의 말을 듣지 않았다.

"그렇지 않소. 쇠 몸뚱이에 붙은 등에를 털어낸다고 해서 벼룩이나 이까지 다 떨어지는 법은 아니오. 지금 진나라 군사는 조나라를 공격하고는 있으되, 설사 이긴다 하더라도 거듭되는 싸움으로 병사들이 많이 지치게 될 것이오. 우리 군사는 진나라 군사가 지쳐 떨어질 때를 기다렸다가 그때를 노려서 무찌르는 거요.”

항우는 불끈 울화가 치밀었다.

“지쳐서 떨어진 적을 누군들 이기지 못하겠소? 나 참 이거 좀이 쑤셔서 견딜 수가 있어야지.”

결국 항우는 투덜거리며 상장군의 처소에서 물러날 수밖에 없었다.

그후 송의는 전군에 다음과 같은 포고문을 내렸다.

‘호랑이처럼 거칠고 사납기만 하고, 염소처럼 순하고 사리에 어둡기만 하고, 늑대처럼 교활하고 탐욕스럽기만 한, 그 따위 멋대로 되어먹은 패거리들은 모조리 참형에 처하리라.’

이 포고문을 읽은 항우는 드디어 울화통을 터뜨리고야 말았다. 송의는 포고문을 통하여 ‘호랑이처럼 거칠고 사납기만 하다’ 는 말로 항우의 우직스러움을 꼬집고 있었던 것이다.

그러나 송의는 포고문을 내걸고 나서 제(齊)나라 대신으로 떠나보내는 아들 송양(宋襄)을 위해 성대한 송별연을 베풀었다.

“제기랄! 총력을 기울여 진나라를 토벌해야 할 마당에 상장군 송의는 딴전을 피우고 있다. 백성은 기아에 시달리고, 군량미는 바닥이 나서 병사들은 감자나 콩으로 연명하고 있는 이 판국에, 상장군이란 자가 자기 아들을 위해 잔치나 벌이고 있다니…….”

그날 밤 항우는 이렇게 투덜대며 잠자리에 들었다.

다음날 아침 항우는 상장군의 처소로 인사를 하러 갔다가 송의가 아직까지 술에 곯아떨어져 자고 있는 것을 발견하였다.

그 순간, 항우는 침소로 뛰어들어가 거침없이 단칼에 송의의 목을 베어버렸다. 그리고 전군을 소집한 후 그는 이렇게 포고하였다.

"송의는 제나라와 공모하여 반기를 들려고 하였다. 나는 왕의 밀명을 받아 그를 처치하였다."

항우의 말에 휘하 장수들은 아무도 반항할 뜻을 품지 못했다. 뿐만 아니라 그들은 입을 모아 이렇게들 말하였다.

"애당초 초나라를 일으킨 것은 귀공의 일족이며, 지금 귀공은 역적을 주살하였습니다. 귀공의 명령에 따르겠습니다."

장수들은 그러면서 항우를 상장군에 추대하였다.

항우는 곧 전군을 이끌고 황하를 건너 거록에서 진나라 군사에게 결정적인 타격을 입혔다. 이 싸움에서 진군은 장수 소각(蘇角)이 전사하였고, 왕리(王離)가 포로로 잡혔으며, 섭간(涉間)은 항복하는 대신 불 속에 몸을 던져 자결하였다. 그리고 장군 장한(章邯)은 항우에게 항복을 하였다.

이 거록 전투에서 대승을 거둠으로써 항우는 제후들 사이에서 절대적인 지위를 차지하게 되었다. 천지를 진동하는 우렁찬 함성과 결사적인 항쟁으로 항우의 군사들이 일당십(一當十)의 분전을 감행할 때, 제후들은 그저 숨을 죽인 채 구경이나 하고 있었던 것이다.

진나라 군사를 격파한 뒤 항우는 제후들의 부장들을 소집하였다. 초나라의 군문(軍門)을 통과할 때 그들은 모두 무릎걸음으로 걸어야 했다. 황소 같은 눈을 부릅뜬 항우 앞에서 그들은 아무도 고개를 쳐들지 못하였다. 이때부터 항우는 초나라의 상장군으로서 제후들의 패장이 되어, 진나라에 반기를 들고 일어선 연합군을 휘하에 거느리게 되었다. 이렇게 연합군을 거느리고 진나라를 무너뜨린 항우는 나중에 '초패왕' 이 되어 천하를 호령하였다.

리더는 큰 꿈과 두둑한 배짱이 있어야 한다. 어릴 적부터 '진시황' 의 자리를 넘본 항우가 뒤에 '초패왕' 이 되어 세상을 호령한 것도 꿈이 크고 배짱이 두둑하였기 때문에 가능한 일이었다.

작은 싸움에 지고 큰 싸움에 이긴다

유방

유방이 항우를 피해 도망간 것은 작은 일이다· 그러나 그는 나중에 해하(垓下) 전투에서 항우를 크게 이겨 천하를 얻었다· 유방이 항우를 이길 수 있었던 것은 바로 큰 것과 작은 것의 차이를 명확히 알고 있었기 때문에 가능한 일이었다·

큰 것과 작은 것을 구분할 줄 아는 것이 중요하다. 먼저 작은 것을 버리고 나중에 큰 것을 얻을 줄 아는 사람이 훌륭한 리더다.

중국의 한(漢)나라를 세운 유방(劉邦)은 작은 것과 큰 것의 차이를 잘 아는 인물이었다. 유방이 먼저 진나라의 관중(關中)을 공략하였을 때, 항우는 그 소식을 듣고 몹시 분개하였다. 초나라 희왕이 진나라를 칠 때 먼저 관중을 평정하는 제후를 관중의 왕에 봉하겠다고 선언한 바 있기 때문이다.

따라서 항우는 유방이 관중의 왕이 되려고 한다는 생각이 들자 불쾌하지 않을 수 없었다. 더구나 제후들이 관중으로 들어오는 것을 막기 위해 유방의 군사가 함곡관에 진을 치고 있다는 보고를 받고는 당장이라도 쳐들어갈 기세였다.

이처럼 항우 진영의 기세등등함으로 보아 유방의 군대는 곧 무너질 것이 뻔하였다. 당시 항우의 군대는 40만이었으나 그 기세는 1백만에 해당하였고, 유방의 군대는 고작 10만으로 아무리 고군분투하더라도 20만 병력에 해당하는 힘밖에 쓸 수 없는 형편이었다.

이때 항우의 숙부인 항백(項伯)은 친구 장량(張良)이 걱정되어, 밤을 도와 함곡관으로 달려갔다. 장량은 유방의 오른팔로 지혜가 뛰어나 '장자방' 이라 일컫는 사람이다.

아무튼 항백은 은밀히 장량을 만나 다음과 같이 말하였다.

"이대로 가다가는 귀공의 목숨이 위태롭소. 지금 당장 도망을 치시오."

그러나 장량은 거절하였다.

"나는 한나라를 위해서 지금까지 패공을 도운 것이오. 이제 와서 패공의 위기를 모른 체하고 도망간다는 것은 대단히 의롭지 못한 일이오. 나를 위해 달려와 준 것은 고맙게 생각하지만, 나는 지금 이 일을 패공에게 보고하지 않을 수 없소."

장량은 곧 패공 유방의 침소를 방문하였다.

"저는 예전부터 항우의 숙부인 항백이란 사람과 잘 알고 있습니다. 그 사람이 지금 저를 찾아와 하는 말이, 목숨이 위태로우니 이곳에서 얼른 도망치라는 것이었습니다. 항우가 군사를 이끌고 곧 우리 군대를 친다고 합니다."

이 소리를 들은 유방은 대경실색하였다.

"그렇다면 이 일을 어찌하면 좋겠소?"

"항우가 관중으로 들어오는 것을 막아야 한다고 주장한 자가 누구입니까?"

장량이 물었다.

"누구인지 잘 모르지만, 아무튼 그 자가 함곡관에서 제후들을 저지하면 곧 진나라는 내 영토가 된다고 해서 그 말만 믿고……."

유방은 장량을 구원의 눈길로 쳐다보았다. 말을 하다 보니 자신이 경솔한 판단을 내린 것 같았다.

"우리 군사로 항우의 군사를 막아낼 수 있다고 보십니까?"

유방은 얼른 대답을 하지 못하고 있다가, 잠시후 다음과 같이 말했다.

"어렵겠지. 그건 그렇지만 무슨 방법이 없겠소?"

"그러시다면 패공께서 지금 당장 항백을 만나, 항우를 배신할 생각이 추호도 없노라고 말씀해 주십시오."

유방은 그렇게 하겠다고 대답하였다. 곧 장량은 항백을 데리고 들어왔다.

"우리가 먼저 관중에 들어오기는 하였으되 무엇 하나 손댄 것이 없소이다. 관민(關民)의 명부를 정리하고 부고(府庫)에 봉인만 해 놓고는 항왕께서 오시기만을 고대하고 있었습니다. 함곡관에 경비 군을 세운 것도 도적의 침입과 진나라 군사의 도발을 막기 위한 것 이었을 뿐입니다. 항왕께서 하루 빨리 도착하시기만을 마음속으로 빌고 있던 제가 어찌 그분을 배신할 수가 있겠습니까? 제발 나의 뜻 을 항왕께 전해 주십시오."

항백은 유방의 말을 그대로 항우에게 전하겠다고 했다. 이미 항 우는 그때부터 스스로 '항왕' 이라 칭하는 오만함을 보이고 있었다.

"다만, 내일 아침에 패공께서 직접 우리 진영으로 와서 항왕에 게 사죄를 하여야 할 것입니다. 약속할 수 있습니까?"

"알겠습니다."

유방은 항백과 단단히 약속을 하였다.

유방의 마음을 읽은 항백은 곧 항우의 진영으로 돌아갔다.

다음날 유방은 항우의 진영으로 가서, 항우가 마련한 연회에 참 석하였다. 항우의 진영에서는 범증이 유방을 죽이기 위해 음모를 꾸미고 있었다.

주연이 한창 진행될 때 범증은 항우에게 눈짓을 하며 자신의 허

리에 찬 구슬 고리를 쳐들어 보여 '어서 유방을 죽여라' 라는 신호
를 보냈다. 이때 항우는 세 번이나 신호를 보고도 짐짓 모른 체 잠
자코 있었다.

참다못한 범증은 자리에서 슬쩍 빠져나와 칼춤을 잘 추는 항군
(項軍)의 장수에게 말하였다.

"우리 왕은 인정이 많으신 분이라 유방을 손수 처치하지 못하고
있다. 그러니 그대가 칼춤을 추다가 기회를 보아 단칼에 유방의 목
을 베어버려야 한다."

주연이 한창 무르익을 무렵 범증이 시킨 대로 항군의 장수 하나
가 나와 칼춤 시범을 보였다. 유방을 보좌하는 장량은 곧 음모를 눈
치 챘다. 그는 얼른 주연의 자리에서 빠져나와 군문(軍門) 밖에 대
기하고 있던 번쾌를 찾았다. 번쾌는 유방 휘하에 있는 용감한 장수
였다.

"어찌 되어갑니까?"

번쾌는 유방이 걱정되어 조바심을 치고 있던 참이었다.

"큰일 났습니다. 지금 항군의 장수 하나가 칼춤을 추고 있는데
우리 패공의 목숨을 노리고 있는 것이 분명합니다."

"그래요? 그럼 나도 함께 들어갑시다. 죽어도 같이 죽어야지."

번쾌는 지체 없이 장량을 따라 연회석으로 들어갔다.

머리칼이 있는 대로 곤두서고 눈꼬리가 잔뜩 양측 이마 쪽으로
치켜져 올라간 번쾌는 눈을 무섭게 부릅뜬 채 정면으로 항우를 노
려보았다.

얼떨결에 항우는 허리에 찬 칼을 움켜쥐었다.

“웬 놈이냐?”

그때 장량이 대신 말하였다.

“패공 위하의 장수 번쾌라 합니다.”

“대단한 사나이로군! 저 장사에게 술잔을 주라!”

항우의 말이 떨어지기 무섭게 번쾌의 앞에 있는 큰 잔에는 술이 철철 넘치도록 따라졌다.

“고맙소이다.”

번쾌는 무릎을 꿇고 술잔을 들어 단숨에 마셔버렸다.

“돼지의 어깨살을 갖다 줘라!”

항우가 다시 명령하자 어깨살이 붙은 큼직한 돼지 앞다리 한 짝이 번쾌 앞에 놓였다. 익히지도 않은 날고기였다.

그러나 번쾌는 방패 위에 돼지의 앞다리를 얹어놓고 칼을 뽑아 썩썩 베어서 날고기를 말끔히 먹어치웠다.

“훌륭해! 과연 대단한 장사로다. 어때? 한잔 더하지 않겠나?”

항우가 손을 들어 번쾌에게 말하였다.

“좋소이다. 죽음도 두려워하지 않는 저올시다. 술 한두 잔 따위를 어찌 사양하리까? 그러나 마시기 전에 대왕께 드릴 말씀이 있습니다. 제일 먼저 함양에 입성한 패공의 공로는 이미 들어서 알고 계실 것입니다. 그런데 대왕께서는 소인배들의 중상모략을 믿으시고 패공을 살해하려 하신다고 들었습니다. 이래 가지고서야 진나라와 다를 것이 뭐가 있겠습니까? 설마 대왕의 진심은 아니시겠지요?”

번쾌의 말에 항우는 대꾸할 말이 없었다.

“자리에 앉도록 하시오.”

항우는 변명 대신 번쾌를 정중히 자리에 앉으라고 권하였다.

잠시후 유방이 변소에 다녀오겠다는 의사를 밝히고 자리를 뜰 때 번쾌도 일어나 그 뒤를 따랐다.

항군의 군문 밖으로 겨우 빠져나왔을 때 유방이 번쾌를 바라보며 말했다.

"항왕에게 작별 인사도 하지 않고 나와 버리고 말았소. 이렇게 도망치려니 어째 부끄러운 생각이 드는구려. 이를 어찌하면 좋겠소?"

번쾌가 걸걸한 목소리로 대답하였다.

"장차 큰일을 위해서 그런 작은 흠쯤은 문제도 되지 않습니다. 지금 우리는 도마 위에 오른 생선이나 다름없습니다. 목숨이 위태로운 판에 작별 인사까지 어찌 갖추겠습니까?"

이때 마침 연회석에 같이 자리를 했다가 나온 장량이 유방에게 물었다.

"항왕에게 드릴 선물로 무엇을 가지고 오셨습니까?"

"항왕에게는 백벽(白璧) 한 쌍을, 대장군 범증에게는 옥두(玉斗) 한 쌍을 가지고 왔소. 가지고 오기는 했으나 저 사람들이 워낙 눈에 시퍼런 서슬을 세우고 있어서 내놓지도 못하고 있었소. 귀공이 내 대신 다시 연회에 참석하여 선물을 헌상해 주시오. 그리고 이 길로 가면 우리 군영까지 잠깐이면 갈 것이니, 내가 군영에 도착했을 즈음해서 귀공이 연회석에 돌아가 잘 말해주시오. 내가 술이 약해 돌아갔다고 말이오."

유방은 장량에게 이렇게 당부하였다.

항우의 군사가 포진한 홍문(鴻門)과 유방의 군사가 포진한 함곡
관과는 불과 40리에 불과하였다. 유방은 자기가 타고 온 수레와 경
비병들까지 그대로 항우의 군문에 놔둔 채 혼자 말을 타고 도망쳤
다. 그 뒤를 번쾌 등 4명의 장수가 칼과 방패만 들고 도보로 뒤따랐
다.

유방 일행을 바라보고 있다가 모습이 안 보일 즈음 다시 연회석
으로 돌아간 장량은 항우에게 다음과 같이 사죄를 하였다.

"패공은 원래 술이 약합니다. 그래서 작별 인사조차 제대로 하
지 못할 형편입니다. 이것은 패공이 항왕과 대장군에게 드리는 선
물입니다."

"그래, 패공은 어디 있소?"

"대왕께서 술이 약한 패공을 책망하시리라 생각하고 혼자 빠져
나갔습니다. 어쩌면 이미 함곡관에 있는 군영으로 돌아갔을지도 모
릅니다."

항우는 유방의 선물을 받아 자기의 방석 위에 놓았다. 그러나 범
증는 옥두를 받아들자 마자 땅에 놓고 칼을 뽑아 박살을 내어버렸
다. 유방을 놓친 것이 너무 억울하여, 그가 준 선물에다 대신 분풀
이를 했던 것이다.

유방이 항우를 피해 도망간 것은 작은 일이다. 그러나 그는 나중
에 해하(垓下) 전투에서 항우를 크게 이겨 천하를 얻었다. 유방이
항우를 이길 수 있었던 것은 바로 큰 것과 작은 것의 차이를 명확히
알고 있었기 때문에 가능한 일이었다. 홍문의 연회가 유방과 항우

가 자존심을 겨루는 작은 싸움이었다면, 천하를 다투는 초나라와 한나라의 해하 전투는 큰 싸움이었던 것이다.

작은 일은 여러 번 져도 무방하지만, 큰 일은 반드시 이겨야 한다. 나중에 크게 얻기 위해 먼저 적게 주는 지혜야말로 능력 있는 리더의 훌륭한 전략인 것이다.

철저한 준비가 최고의 전략이다

한신의 배수진은 너무나 잘 알려진 전술이다. 기업에서도 이 배수진을 이용하는 전략이 흔히 사용되고 있다. 그러나 이 배수진은 무조건 목숨을 걸고 싸우는 무모한 전략이 아니라, 사전에 아주 철저히 준비한 전략이어야 성공할 수 있는 것이다.

'2등은 없다' 라는 말이 있다. 1등 기업만이 살아남는다는 이야기다. 기업의 생명은 이윤을 남기는 것이고, 그 기업을 이끄는 리더는 1등 기업을 만들기 위해 목숨을 걸고 싸우는 승부사다. 진짜 승부사는 소수정예로 대군을 이긴다. 리더십을 어떻게 발휘하느냐가 승부의 관건이라는 이야기다.

중국 한(漢)나라의 명장 한신(韓信)이 위나라를 평정한 후 그 여세를 몰아 조나라로 쳐들어갔을 때의 일이다. 부장 장이(張耳)와 함께 수만의 군사를 이끌고 동쪽으로 진군하여 조나라로 진입하는 정형에 이르렀다.

정형은 지형이 험한 곳으로 양쪽 계곡을 사이에 두고 좁은 길로 군사들이 빠져나가야만 하였다. 적군이 복병을 숨겨둘 경우 대책 없이 공격을 당하기 쉬운 곳이었다.

한신은 일단 군사들을 쉬게 하고, 첩자를 파견하여 조나라 군대의 근황을 파악해 오도록 하였다.

한편 조나라 왕 헐(歇)과 성안군(成安君) 진여(陳餘)는 한신이 이끄는 한나라 군대 수만이 진격해 온다는 소문을 듣고 군사 20만 대군을 정형 어귀에 집결시킨 채 대책을 논의하였다. 이때 광무군(廣武君) 이좌거(李左車)가 나서서 의견을 말하였다.

"들리는 바에 의하면 한나라 장수 한신은 황하를 건너와 위나라 왕 표를 포로로 하였으며, 하열(夏說) 또한 사로잡았다고 합니다.

그리고 알여(閼與)에서는 적을 피로 물들이고 나서 장이를 보좌로 삼아 우리 조나라를 공격해 오고 있다 합니다. 이들은 승세를 타고 여러 나라를 정복하면서 그 사기가 매우 드높다고 들었습니다. 그러나 병서에 보면, '천 리 밖에서 군량미를 보내오려면 운송이 곤란하여 병사들 얼굴에 주린 빛이 감돌고, 땔나무를 하고 풀을 베어야 밥을 지을 수 있기 때문에 저녁밥을 배불리 먹어도 아침까지 못 간다'고 했습니다. 지금 정형의 길은 협소하여 두 대의 수레가 함께 가기 어려울 정도이며, 기병들도 여러 줄로 서서 갈 수 없는 험로입니다. 이러한 행로가 무려 수백 리나 계속되기 때문에 군대 행렬의 형세로 보아 군량을 보급하는 수레는 반드시 후미에 따를 것입니다. 그러니 저에게 기습병 3만 명만 주시면 지름길로 가서 그들의 본대와 군량 수송 부대를 차단시켜 놓겠습니다. 성안군께서는 이곳에 물길을 깊이 파고 누벽을 높이 쌓아 군영을 굳게 지키되 절대 한나라 군대와 접전을 하지 마십시오. 이렇게 하면 적군은 전진하여 싸울 수 없으며, 후퇴해도 되돌아갈 길이 없게 됩니다. 이때 우리 기습병들이 적의 후미를 차단하고 약탈한 양식을 치워버린다면 곧 한나라 군대는 무너지게 됩니다. 열흘이 못 되어 한신과 장이의 머리를 바칠 자신이 있습니다. 부디 저의 계략을 채택해 주십시오. 우리가 그들을 사로잡지 못하면 그들에게 오히려 우리가 사로잡히게 됩니다."

광무군의 말에 성안군이 껄껄 웃었다.

"나는 유자(儒者)요. 그리고 우리 정의의 군사는 절대 기습 작전을 쓰지 않습니다. 병서에, '병력이 열 배면 포위하고, 적의 두 배면 싸우라’ 하였습니다. 지금 한신의 군사는 말만 수만이지 천 리를 걸어와 극도로 지친 몸이라 실제로는 수천에 불과하다 말할 수 있습니다. 소수의 지친 적을 맞상대하지 않으면 나중에 대군이 몰려왔을 때는 어떻게 대처하겠습니까? 대병력을 가진 우리가 소수의 지친 병력을 가진 적을 기습으로 부순다면 다른 제후들이 우리를 보고 비웃을 것입니다. 대장군은 나요. 내게 맡겨 주시오.”

성안군은 자신만만한 표정을 지었다.

한신이 보낸 첩자는 이렇게 성안군과 광무군 사이에 오간 이야기를 듣고 그대로 보고하였다.

“광무군의 계략이 채택되지 않았단 말이지? 그러면 됐다! 나는 기습병을 근심하고 있었다. 승리는 이미 우리의 것이다!”

한신은 정형의 협로로 진군을 명하였다.

협곡을 빠져나온 한신은 일단 군사들에게 야영을 하도록 시킨 후, 가볍게 무장한 기병 2천을 선발하였다.

“너희들은 밤을 틈타 우리 한나라의 붉은 깃발을 하나씩 들고 지름길로 빠져 조나라 진영이 잘 바라보이는 산등성이에 매복해 있도록 하라. 내일 우리 군대는 조나라 군대와 싸우는 척하다가 도망칠 것이다. 틀림없이 그들은 성채를 비우고 패주하는 우리들의 뒤를 쫓을 것이니, 그때 너희들은 텅 비어 있는 조나라 진영으로 들어가 조나라 깃발을 모조리 뽑아버리고 우리의 붉은 기를 꽂도록 하라.”

이리하여 한신의 명을 받은 2천의 기병대는 몰래 조나라 진영 가까운 산등성이로 숨어 들어갔다.

그러는 한편, 한신은 8천 명의 군사를 이끌고 밤으로 이동하여 조나라 진이 바라보이는 곳에 흐르는 강을 등지고 배수진을 치도록 하였다.

"이런 진법은 병법에도 없는 것인데, 퇴로가 없으니 너무 위험하지 않겠습니까?"

휘하 장수 하나가 한신에게 물었다.

"조나라 군대는 우리보다 먼저 지세가 좋은 곳에 누벽을 만들었다. 또한 저들은 우리의 대장기와 북을 보기 전에는 결코 우리의 선봉을 공격하지 않을 것이다. 좁고 험한 지점에서 공격 당하면 우리가 퇴각해 버릴까 두렵기 때문이다. 따라서 적들은 우리 모두가 정형의 어귀를 빠져나온 것을 보고서야 공격할 것이다."

한신이 정형 어귀 바로 앞에 있는 하수(河水)를 등에 지고 진을 치게 된 이유였다.

드디어 날이 밝았다. 누벽에서 방어 태세를 갖추고 있던 조나라 군사들은 강을 등지고 배수진을 친 한나라 군대를 보고 손뼉을 치며 좋아하였다.

"한신이 병법을 몰라도 너무 모르는군."

조나라 장수들은 이렇게 한신을 비웃었다.

곧 조나라 대장군인 성안군 진여는 공격 명령을 내렸다. 조나라 군사들은 이때다 싶어 누벽을 넘어 우르르 쏟아져 나왔다. 한신이 배수진을 친 것은 허술하게 보여 적을 누벽 밖으로 유인하려는 계책이었다. 또 하나는 한나라 군사들로 하여금 강물 때문에 후퇴할 수 없으니 죽기로 싸워 적을 물리치게 하는 전법이었다.

조나라 군대는 죽기로 싸우는 한나라 군대를 이길 수가 없었다. 다시 진지로 돌아가려 했으나, 이미 한신이 보낸 기병대가 진지를 점령하여 누벽 위에 한나라의 붉은 기들을 꽂아놓은 뒤였다.

싸움은 한나라 군대의 승리로 끝났다. 진나라 진지를 탈취한 후 휘하의 한 장수가 한신에게 물었다.

"배수진을 치고 싸운다는 것은 들어보지도 못했습니다. 병법에는 '산 능선을 우(右)로 하여 등지고, 물을 좌(左)로 하여 앞에 두고 진을 친다' 고 하였습니다. 그런데 배수진은 대체 어떤 전술입니까?"

그러자 한신이 대답하였다.

"병법에 보면 '병사들을 사지로 몰아넣어야 비로소 산다' 는 말이 있지 않은가? 손자병법 구지편(九地篇)에 나오는 말인데, 이것을 응용한 것이 바로 배수진이다. 어차피 우리 군대는 지형적으로나 병사들의 수로 보나 적보다 약세이기 때문에, 진을 생지(生地)에 치면 곧 흩어져 달아나버린다. 그래서 사지(死地)로 몰아넣어 목숨을 걸고 싸우도록 한 것이다."

한신의 배수진은 너무나 잘 알려진 전술이다. 기업에서도 이 배수진을 이용하는 전략이 흔히 사용되고 있다. 그러나 이 배수진은 무조건 목숨을 걸고 싸우는 무모한 전략이 아니라, 사전에 아주 철저히 준비한 전략이어야 성공할 수 있는 것이다.

임진왜란 당시 신립 장군이 탄금대에 쳤던 배수진은 무모한 전략이었다. 당시 왜군은 화력이 좋은 조총을 가지고 있었고, 조선군은 칼과 활로 대항하였다. 일단 양군의 무기를 비교해 볼 때 전면전으로는 조선군이 백전백패할 수밖에 없는 상황이다. 지리적 조건을 활용한 매복과 적의 허를 찌르는 기습 같은 전략을 구사하여야 마땅한데, 신립 장군은 목숨을 담보로 한 배수진을 쳐서 아군을 전멸케 하고 자신의 목숨까지 잃은 것이다.

흔히 기업은 어떤 새로운 기획을 할 때 '소수정예' 라는 이름으로 '태스크포스팀(TFT)' 을 만들어 운용한다. 이럴 경우 철저한 사전 대책을 세우지 않으면 소기의 목적을 달성할 수 없다. 철저한 대비책을 마련한 후 소수정예로 밀어붙이는 전략이 필요하다는 이야기다. 한신의 배수진에서 배울 수 있는 리더십은 철저한 준비와 완벽한 전략이다.

제도보다 먼저 시스템을 바꿔라

손숙오는 반드시 가르치지 않더라도 백성들이 따르도록 하는 덕의 정치를 베풀었다.

손숙오가 수레보다 먼저 문지방부터 높여야 한다고 말한 것은,

우선 시스템이 갖추어져야 하고자 하는 일이 제대로 진행된다는 순리에 따른 것이다.

＊

어떤 것을 새롭게 고칠 때는 먼저 그 시스템부터 바꾸는 것이 좋다. 시스템은 형식을 말한다. 형식은 내용을 담는 그릇이다. '새 술은 새 부대에' 라는 말처럼, 새 술을 담그려면 새 부대부터 준비해야 한다. 즉 새로운 일을 시작하려면, 그에 어울리는 시스템이 먼저 만들어져야 일이 순조롭게 진행된다.

중국 초(楚)나라 사람 손숙오(孫叔敖)는 학덕이 높았지만 나이가 들 때까지 벼슬을 하지 못한 채 처사로 지냈다. 그런데 당시 재상이던 우구자(虞丘子)가 초나라 장왕(莊王)에게 자기 대신 손숙오를 재상에 추천하였다.

뒤늦게 초나라 재상이 된 손숙오는 백성들을 올바로 가르치고 인도하여 덕의 정치를 구현하였다. 즉 억지로 백성들에게 요구하지 않았으며, 자연스럽게 나라의 법도에 따르도록 유도하였다. 그래서 위아래가 잘 화합하였으며, 세속도 아름답게 보존되었다.

손숙오는 가을과 겨울에 백성들로 하여금 산에 들어가 대나무를 벌채하도록 하였으며, 봄과 여름으로는 물길을 터서 그것들을 뗏목으로 만들어 실어 날랐다. 이처럼 저마다 편리한 것을 연구하여 백성들로 하여금 생활을 윤택하게 꾸려갈 수 있게 하였다.

어느 날 장왕은 통용되고 있는 화폐가 가볍다고 생각하여, 작은 것을 크게 하여 무겁게 개조하였다. 그러자 백성들은 쓰기 불편한 화폐 때문에 생업을 버리고 떠나버렸다.

그때 시령(市令)이 이 사실을 상국인 손숙오에게 말하였다.

"백성들이 매우 불편을 느끼고 있습니다. 백성들은 안락한 거처를 잃었고, 점포도 무질서하여 시장이 엉망이 되었습니다. 그러니 모두들 살기 불편하다 하여 떠나는 것입니다."

"그것이 언제부터 그러합니까?"

손숙오가 물었다.

"석 달쯤 전부터입니다."

"알았습니다. 내가 곧 해결하도록 하겠습니다."

손숙오는 장왕을 독대하였다.

"무슨 일이오?"

"대왕께서는 전날 화폐가 너무 가볍다고 무겁게 만들라 하셨습니다. 그런데 무거운 화폐가 불편하다 하여 생업을 버리고 떠나는 백성들이 많습니다. 전처럼 화폐를 가볍게 해야 하겠습니다."

장왕은 허락하였다.

화폐를 가볍게 바꾸자, 시장은 옛날처럼 다시 활기를 되찾았다.

초나라 백성들은 낮은 수레를 좋아하였다. 장왕이 생각하기에 수레가 낮으면 말이 불편을 느껴 빨리 달리지 못하고 금세 지칠 것 같았다.

"여봐라! 백성들에게 수레를 높이 만들도록 하라."

이때 손숙오가 나서서 말하였다.

"대왕! 영을 자주 내리면 백성들이 미처 따르지 못하기 때문에 좋지 않습니다. 그리고 대왕께서 반드시 수레를 높이고 싶으면, 수레보다 먼저 문지방을 높이도록 영을 내리는 것이 순서입니다."

"그것은 어째서 그렇소?"

장왕이 의아하게 생각하고 물었다.

"대체로 수레를 타는 사람들은 군자들입니다. 군자들은 수레에서 내려 걷기를 싫어합니다. 그래서 수레에서 내리면서 동시에 집 안으로 들어갈 수 있도록 문지방에 수레의 높이를 맞춘 것입니다. 만약 문지방을 높이게 되면 자연스레 수레의 높이 역시 그에 맞게 고치게 될 것입니다."

"옳은 얘기요."

장왕은 곧 손숙오의 말대로 문지방을 높이라는 영을 내렸다.

그로부터 반년이 지나자 초나라의 길을 지나다니는 수레는 모두 높아졌다. 말들도 힘차게 달려 보기 좋았다.

손숙오는 이처럼 반드시 가르치지 않더라도 백성들이 따르도록 하는 덕의 정치를 베풀었다. 이것은 또한 자연에 역행하지 않고, 순리에 따르는 정치의 도라고도 할 수 있었다. 순리에 따르는 정치를 하면 가까운 곳에 있는 사람은 직접 보고 배우고, 멀리 있는 사람은 다른 사람을 통해 들어서 배우기 때문에 백성을 억압하지 않고도 자연스레 본받을 수 있게 되는 것이다.

손숙오는 세 차례나 재상의 자리에 올랐으나 기뻐하지 않았고, 재상의 자리에서 물러날 때도 결코 후회한 적이 없었다. 이것은 그가 자신의 재능이 마땅히 그 자리를 얻을 만하다고 믿었기 때문이며, 또 그 자리를 물러남에 있어서도 그것이 자신의 잘못에 의한 것이 아니라고 생각했기 때문이었던 것이다.

　이처럼 순리에 따르는 정치야말로 최고의 리더십이다. 손숙오가 수레보다 먼저 문지방부터 높여야 한다고 말한 것은, 우선 시스템이 갖추어져야 하고자 하는 일이 제대로 진행된다는 순리에 따른 것이다. 그러므로 일의 순서, 즉 순리를 아는 사람이야말로 진정한 리더라 할 수 있다.

목숨보다 중요한 비밀

전광

전광은 나라의 생사가 걸린 기밀을 유지하기 위해 자신의 목숨을 스스로 끊었다. 벌어진 것이 입이라고 자신도 모르는 사이에 그 비밀을 털어놓을까 봐 무서워, 그는 자신의 입을 틀어막기 위해 목숨을 버린 것이었다.

*

요즘과 같은 정보전쟁 시대에는 기업의 비밀이 아주 중요하다.

수년간 공들여 연구한 기술이 한 사람의 잘못으로 다른 기업에 새어나가 망치는 경우가 허다하다. 그런 비밀은 기업의 생존과 관계가 있기 때문에 어쩌면 한 개인의 생명보다 중요할 수도 있다. 그 기업에 종사하는 수많은 사원과 그 가족들, 뿐만 아니라 그 기업의 흥망에 따라 나라의 경제도 흔들리기 때문에 어쩌면 국민 전체가 피해를 입을 수 있는 중요한 사안인 것이다.

중국 진(秦)나라 시황제가 천하를 통일하기 전의 일이었다. 당시 시황제는 장양왕(莊襄王)의 대를 이어 13세의 나이로 진나라 왕이 되었다.

시황제가 태자였을 때의 이름은 정(政)이었는데, 그는 어린 시절을 조나라에서 보냈다. 그때 조나라에 인질로 잡혀온 연나라 태자 단(丹)과 소꿉친구로 아주 가깝게 지낸 적이 있었다.

태자 정이 진나라 왕위에 오르자 연나라 태자 단은 진나라 인질로 가기를 자청하였다. 강국인 진나라의 왕으로 즉위한 친구에게 과거의 정분을 내세워 연나라를 보호하려고 했던 것이다.

그러나 그러한 계산은 빗나갔다. 진나라 태자 정은 왕이 된 이후 연나라 태자 단에 대하여 완전히 안면을 바꾸었다.

"국익을 위해서 사사로운 정에 얽매일 수 없다!"

진나라 왕 정은 이렇게 선언하였다.

"두고 보자. 의리를 배반한 친구는 용서할 수 없다."

진나라 왕으로부터 무시를 당한 연나라 태자 단은 진나라에서 도망쳐 연나라로 돌아왔다.

연나라 태자 단은 진나라 왕 정에 대해 이를 갈며 원수 갚을 일에만 골몰하고 있었다.

한편 진나라는 날로 번성하여 산동(山東) 지방에 군사를 내보내 제나라·초나라·삼진(三晉)을 공략하고, 나아가 연나라 국경까지 넘보게 되었다.

연나라 왕과 신하들은 모두 진나라의 공격을 두려워하고 있었다. 태자 단도 사태의 심각성을 인식하고 태부(太傅)인 국무(鞠武)를 불러 의논하였다.

"진나라를 뒤엎을 방책은 없겠소?"

"진나라는 광대한 영토를 가졌습니다. 백성이 많고, 병사들은 사나우며, 무기와 장비 역시 넉넉합니다. 진나라가 쳐들어올 생각만 먹으면 우리나라 장성(長城)의 남쪽, 역수(易水)의 북쪽 땅쯤은 삽시간에 무너뜨릴 수 있습니다. 어찌하여 태자께서는 능멸을 당했다 하여 진나라 왕의 진노를 사려 하십니까?"

국무의 이 같은 말을 듣고 태자 단은 한숨부터 나왔다.

바로 그럴 즈음 진나라 장군 번어기(樊於期)가 진나라 왕에게 죄를 짓고 연나라로 망명해 왔다. 태자 단은 그를 정중히 대접하여 받아들이고 집까지 지어주었다.

국무가 태자에게 말하였다.

"저 포악한 진나라 왕은 지금 우리 연나라에 대해 불만이 많습니다. 번어기 장군을 보호해 주고 있다는 소식이 들어가면 연나라에 불리하게 됩니다. 이것이야말로 굶주린 호랑이 앞에 고기를 갖다 바치는 격입니다."

"그럼 어찌하면 좋겠소?"

태자 단이 물었다.

"번 장군을 곧장 흉노(匈奴)에게로 보내어 진나라가 우리나라를 공격할 구실을 주지 마십시오. 그러고 나서 삼진과 맹약을 맺고, 제나라·초나라와 연합하며, 북쪽 흉노의 선우와 강화를 맺는 것입니다. 이렇게 손을 쓰게 되면 어찌했든 진나라를 칠 수 있는 길이 열리게 될 것으로 압니다."

"하지만 그렇게 하려면 시간이 너무 걸리오. 더구나 지금 번 장군은 의지할 데가 없어 나를 찾아왔는데, 그를 흉노에게로 보낼 수는 없소. 그러니 다른 방법을 찾아보도록 합시다."

태자가 다시 국무에게 요청하였다.

"그렇다면 방법은 단 한 가지뿐입니다."

"그것이 무엇이오?"

"우리 연나라에는 전광(田光) 선생이 계십니다. 사려가 깊고 용감한 인물이니, 그분을 찾아가 상의해 보십시오. 그분이 방법을 일러주실 것입니다."

태자는 곧 전광을 만나보기로 하였다.

국무는 곧 전광을 찾아가, 태자가 만나자는 말을 전달하였다. 전광은 태자를 찾아갔다.

태자는 전광과 두 사람만 있는 자리에서 조심스럽게 말했다.

"연나라와 진나라는 다 같이 존재할 수 없습니다. 진나라를 쳐서 없애야 합니다. 선생의 높은 의견을 듣고 싶습니다."

전광이 대답하였다.

"준마(駿馬)는 전성기에 하루 천 리를 달립니다. 그러나 늙고 나면 쇠약해진 말보다도 못합니다. 저는 늙었습니다. 다행히 제 가까이에 형가(荊軻)라는 사나이가 있는데 의협심이 매우 강합니다."

"그럼 그 형가라는 사람을 소개해 주십시오."

태자의 말에 전광은 약속을 하고, 곧 그를 보내주겠다고 하였다.

전광이 일어나 물러나올 때 태자가 다짐을 주었다.

"이것은 나라의 큰일이니 그 누구에게도 발설하지 마십시오."

"명심하겠습니다."

집으로 돌아온 전광은 곧 형가를 찾아갔다.

형가는 학문을 좋아하고 검술을 익혀 문무를 겸하였으며, 특히 의협심이 강한 인물이었다. 전광이 태자를 만난 이야기를 하고 나서 다음과 같이 말했다.

"그대가 직접 궁으로 태자를 찾아가 보시오."

전광을 존경하는 형가는 무릎을 꿇었다.

"삼가 말씀대로 따르겠습니다."

"덕 있는 사람은 남에게 의심 받는 일을 하지 않는다고 합니다. 그런데 태자는 나라의 큰일에 관한 것이니 남에게 이 일을 말하지 말라 하셨소. 이 말을 들은 나는 일단 태자에게 의심을 받은 것입니다. 태자를 만나거든 이렇게 전해 주시오. 전광은 이미 이 세상 사람이 아니며, 그 비밀은 영원히 지켜졌다고……."

그러더니 전광은 그 자리에서 칼을 빼어 자신의 목을 찔렀다. 형가가 미처 말릴 틈도 주지 않았다.

이처럼 전광은 나라의 생사가 걸린 기밀을 유지하기 위해 자신의 목숨을 스스로 끊었다. 벌어진 것이 입이라고 자신도 모르는 사이에 그 비밀을 털어놓을까 봐 무서워, 그는 자신의 입을 틀어막기 위해 목숨을 버린 것이었다.

리더는 입이 무거워야 한다. 특히 기업의 비밀을 많이 알고 있는 리더는 언제 어느 때나 자신의 입을 조심하지 않으면 안 된다. 마음은 비밀의 문을 굳게 잠가두었는데, 벌어진 입은 자기도 모르는 사이에 쉽게 열릴 수 있기 때문이다.

원칙을 정해두면 흔들리지 않는다

어떤 외압에도 흔들리지 않는 리더가 되려면 원앙처럼 먼저 원칙을 세워놓는 것이 중요하다. 원칙대로 행동하면 다소 욕을 먹는 경우는 있더라도 자신의 마음이 흔들려 큰일을 그르치는 우를 범하지는 않는다.

사람 사는 사회에서는 흔히 인정에 많이 흔들리는 수가 있다.
특히 리더의 경우 학연이나 지연을 빌미로 찾아오는 사람이 많아
곤란을 겪을 때가 한두 번이 아니다. 이럴 때 원칙을 정해두면 마음
이 흔들리지 않는다.

중국 한(漢)나라 때의 사람인 원앙은 유방 고조가 죽고 나서 여
태후가 실권을 장악하여 여씨들이 득세할 무렵, 그 일파의 하나인
여록(呂祿)의 가신이 되었다. 그리고 여씨 일파가 축출되고 문제
(文帝)가 즉위하면서, 그는 형 원쾌의 추천으로 중랑(中郞)의 벼슬
을 얻었다.

원앙은 원칙론자로, 자신이 정한 원칙에서 벗어날 경우 지위 고
하를 막론하고 직언을 서슴지 않았다. 그로 인하여 욕을 먹거나 모
함을 받는 경우가 있더라도 바른 소리를 하는 그의 행동에는 조금
도 흔들림이 없었다.

어느 날 승상인 강후(絳侯) 주발(周勃)이 조회를 마치고 나오는
데, 그 걸음걸이가 자못 거만하였다. 황상(皇上)인 문제도 그를 예
우하여 공손하게 전송하였는데, 그래서 더욱 승상의 태도가 으쓱해
진 것인지도 몰랐다.

원칙론자인 원앙은 그것을 보고 참을 수가 없었다. 그래서 문제
에게 가서 다음과 같이 직언을 하였다.

"폐하께서는 승상을 어떠한 사람으로 생각하십니까?"

문제가 대답하였다.

"우리 한나라 사직을 지킨 중신이오."

"강후는 이른바 공신이지 사직을 지킨 중신은 아닙니다. 사직을 지킨 중신은 군주가 있으면 함께 있고 군주가 망하면 함께 망합니다. 여태후가 실권을 장악하여 여씨 천국을 만들었을 때, 강후는 태위(太尉)로 병권을 쥐고 있었으면서도 그들을 바로잡지 못하였습니다. 여태후가 붕어한 뒤 대신이 함께 의논하여 여씨 일족을 배척하였을 때에는, 강후가 병권을 쥐고 있었기 때문에 우연히 공을 세우게 되었을 뿐입니다. 그런데 승상은 폐하에게 매우 교만한 태도를 취하는 데 반하여, 폐하는 신하에게 너무 겸양을 갖고 대하십니다. 이것은 군주와 신하가 그 본연의 예를 잃어버렸다는 증거입니다."

원앙의 직언이 있고부터 문제는 황상으로서의 위엄을 더욱 갖추었고, 따라서 승상 강후의 거만한 태도도 사라졌다.

그런데 어느 날 강후 주발이 원앙을 만나 다그쳤다.

"나는 그대의 형과 절친하다. 헌데 그대는 조정에서 나를 그렇게 헐뜯어도 되는가?"

"저는 승상을 헐뜯은 적이 없습니다. 원칙론만 말했을 뿐입니다."

원앙은 이렇게 대답한 후 끝내 주발에게 사과를 하지 않았다.

강후 주발이 승상에서 해임되고 봉지를 받은 나라로 돌아갔다. 그때 봉국의 어떤 사람이 문제에게 상서를 올렸다. 주발이 모반을 기도하고 있다는 것이었다.

문제는 즉시 명을 내려 주발을 붙잡아 감옥에 가두게 하였다. 주발이 억울한 누명을 쓴 것이 명백했는데도, 당시 황족이고 대신들이고 그 누구 하나 주발의 목숨을 살리기 위해 간언하는 자가 없었다.

그때 원앙이 문제에게 나가 직언을 함으로써 주발의 무죄가 증명되었다.

감옥에서 풀려난 주발이 원앙에게 말하였다.

"고맙네. 그대가 아니었다면 나는 지금 황천길로 떠났을 걸세."

그러자 원앙이 담담하게 대답하였다.

"아닙니다. 강후께서 이렇게 풀려난 것은 저 때문이라고 할 수 없습니다. 강후께서 모반을 하지 않으셨기 때문입니다. 저는 다만 그 사실을 폐하게 알려드렸을 뿐입니다."

원앙은 이처럼 자주 직언을 하였으며, 그로 인하여 다른 대신들로부터 경원당하는 경우가 적지 않았던 것도 사실이다. 그러나 그는 항상 자신이 정한 원칙에서 어긋나는 행동을 한 적이 없었다.

어떤 외압에도 흔들리지 않는 리더가 되려면 원앙처럼 먼저 원칙을 세워놓는 것이 중요하다. 원칙대로 행동하면 다소 욕을 먹는 경우는 있더라도 자신의 마음이 흔들려 큰일을 그르치는 우를 범하지는 않는다. 원칙은 소신이며, 소신 있는 리더는 아랫사람들로부터 존경을 받는다.

의를 위해 죽을 수 있는 용기

자로

자로는 공자의 말처럼 용기가 너무 지나쳐 일찍 죽고 말았다.

그러나 그의 의를 숭상하는 마음은 굳건하다.

의를 위하여 목숨조차 아끼지 않는 용기야말로

자로에게서 배워야 할 진정한 리더십이다.

옛날이나 지금이나 의로운 사람에게 믿음이 간다. 믿음직한 리더는 의(義)를 안다. '의'란 자기 이익보다는 다른 사람을 더 소중하게 생각하는 마음이다. 리더가 부하 직원들의 마음을 소중하게 생각하지 않으면, 부하들은 그를 따르지 않을 것이다. 그러나 의를 아는 리더에게는 부하 직원들이 믿고 따른다.

중국 춘추전국시대에 공자(孔子)는 각 나라를 돌아다니면서 새로운 제자들을 만났으며, 그들에게 실천적인 가르침을 주었다. 공자보다 9세 아래인 자로(子路)는 제자들 중에서 가장 성격이 거칠고 용맹스러우며 황소고집을 가진 사람이었다. 그는 항상 수탉의 깃으로 만든 관을 쓰고, 수퇘지 가죽으로 만든 띠를 두르고 다녔다.

자로는 처음 공자를 만났을 때, 그를 업신여기고 포악한 짓을 서슴지 않고 행하였다. 그러나 공자는 예를 갖추어 베풀고 좋은 말로 이끌어 그를 제자로 삼았다.

"군자에게도 용기란 것이 있습니까?"

어느 날 자로가 공자에게 물었다.

"군자는 의(義)를 가장 소중히 여긴다. 군자가 용기만 좋아하고 의리가 없다면 나라를 어지럽히고, 소인이 용기만 있고 의리가 없으면 도둑이 된다."

자로는 스승으로부터 한 가지 교훈을 들으면 그것을 곧바로 실천에 옮겼다. 그는 교훈을 실천하기 전에 다시 새로운 교훈을 듣게 되는 것을 두려워하였다.

공자는 자로의 인물 됨됨이에 대하여 다음과 같이 평하였다.

"자로는 한마디의 말을 듣지 않고도 송사(訟事)가 걸린 문제를 판결할 수 있는 사람이다. 그리고 용기를 좋아하는 것은 나를 앞서는데, 그것을 알맞게 사용하는 법은 모르고 있다. 따라서 자로와 같이 강직한 성품에 용맹이 지나친 사람은 제명까지 살기 어렵다. 자로는 다 떨어진 헌 무명옷을 입고서도 여우 털이나 담비 털로 만든 화려한 옷을 입은 사람 앞에 당당하게 나설 줄 안다. 그러나 자로의 학문은 마루에 올라왔지만, 아직 방 안까지 들어오지는 못한 상태다."

자로가 포(蒲) 땅의 대부(大夫)가 되어 떠나면서 하직인사를 하러 갔을 때 공자가 말하였다.

"포라는 곳에는 장사들이 많아 다스리기 어렵다. 그러나 네가 먼저 공손하게 대하면 그들의 용맹을 꺾을 수가 있다. 또한 너그럽고 바르게 행동하면 그들을 복종시킬 수 있다. 이처럼 공손하고 바르게 다스림으로써 너는 벼슬을 내린 대왕의 은혜에 보답해야 한다."

이렇게 벼슬길로 나간 자로가 위나라 대부 공회 밑에서 읍재(邑宰)라는 관직을 맡고 있을 때였다.

일찍이 위나라의 왕 영공(靈公)에게는 남자(南子)라는 애첩이 있었다. 태자 괴외는 남자에게 죄를 짓고 주살될 것이 두려워 다른 나라로 도망쳤다. 영공이 죽고 나서 남자는 자신의 아들 영을 왕으로 세우려 했으나, 영은 이를 거절하고 망명한 태자의 아들 첩(輒)

에게 양보하였다.

이렇게 하여 괴외의 아들 첩이 위나라 왕이 되었는데, 그가 바로 출공(出公)이다.

그런데 출공은 즉위한 지 12년이 지났는데도 망명한 아버지 괴외를 불러들이지 않았다. 아버지에게 왕위를 내놓기 싫었던 것이다.

바로 이때 괴외가 대부 공회에게 반란을 일으키자고 제의하였다. 공회는 이를 받아들이고 군사를 일으켜 출공을 내쫓았다. 이렇게 하여 괴외가 왕위를 계승했는데, 그가 바로 장공(莊公)이다.

이처럼 위나라에 반란이 일어났을 때 마침 자로는 성 안에 없었다. 나중에 소식을 듣고 출공을 구하기 위해 달려오는 길에, 자로는 마침 자고(子羔)를 만날 수 있었다. 자고 역시 공자의 제자로 위나라 대부였다.

"반란이 일어났다는데 자네 지금 어딜 가나?"

자로가 물었다.

"이미 늦었네. 대왕(출공)은 달아나고 성문도 굳게 닫혔네. 어서 도망가세. 여기서 어물쩍거리다가는 반란군에게 잡히고 마네."

"나라의 봉록을 먹는 자가 어찌 이런 환난을 보고 도망칠 수 있단 말인가?"

자로의 말을 듣고도, 자고는 그대로 도망쳐버렸다.

할 수 없이 자로는 혼자서 성으로 달려갔다.

그때 마침 다른 나라에서 온 사자가 성으로 들어가는 중이라 성문이 열려 있었다. 자로는 사자 일행을 따라 성 안으로 들어갈 수 있었다.

자로가 바라보니 왕위에 오른 괴외는 공회와 함께 높은 대(臺) 위에 올라가 있었다.

"주군께서는 어찌 반역자 공회와 함께 계십니까? 청컨대 그를 제게 내어주십시오. 이 손으로 죄인을 죽이고 말겠습니다."

자로가 소리쳤다.

그러나 괴외는 공회와 같이 반란을 일으켰기 때문에 자로에게 공신을 내줄 리 만무하였다.

화가 난 자로는 대(臺)에 불을 질러 위로 타오르게 하였다. 위험을 느낀 괴외는 휘하의 장수 석걸과 호염을 시켜 자로를 베어 죽이라고 명령하였다.

많은 군사들이 자로를 에워싼 가운데 칼싸움이 벌어졌다. 그러나 자로는 혼자이고 상대는 수도 없이 많았다. 어느 순간 상대 군사 중 한 명의 칼이 자로의 갓끈 한쪽을 끊어놓았다.

"잠깐!"

그때 자로는 상대의 공격을 저지시켰다.

"아니, 뭐야?"

공격을 하려던 군사들이 멈칫하였다.

"군자는 죽을 때에도 갓을 벗지 않는다!"

자로는 끊어진 갓끈을 다시 고쳐 맨 뒤에 반란군의 칼에 찔려 죽었다. '자로가 용맹이 지나쳐 제명까지 못 산다'고 한 공자의 말은 맞아떨어진 셈이었다.

　이렇게 자로는 공자의 말처럼 용기가 너무 지나쳐 일찍 죽고 말았다. 그러나 그의 의를 숭상하는 마음은 굳건하다. 죽음을 앞두고 갓끈을 고쳐 매는 군자로서의 자세는 의연하기까지 하다. 의를 위하여 목숨조차 아끼지 않는 용기야말로, 자로에게서 배워야 할 진정한 리더십이다.

너무 뛰어나면 적이 많다

동중서는 뛰어난 인물이지만 주변의 적들을 동료로 끌어들이는 일에 실패하여

결국 한나라 재상 자리에서 물러나 제후국으로 쫓겨 갔다.

그는 뛰어난 인물이었지만, 리더로서의 자격을 제대로 갖추었다고 보기 어렵다.

리더는 뛰어난 능력을 가져야 하지만, 너무 뛰어나면 그를 시기하는 사람이 생기게 되므로 자연히 적이 많다. 그 적들을 대처하는 방법을 알아야 진정한 리더로서의 자격이 주어진다.

중국 한(漢)나라 무제(武帝) 때 유교를 국교로 받아들이는 데 주도적인 역할을 한 동중서(董仲舒)는『춘추(春秋)』에 통달한 학자였다. 그가 제자들을 가르칠 때 너무 많은 사람이 몰려들자, 집 안만으로는 장소가 협소하여 아예 너른 마당에 장막을 치고 강의하였다. 선배 제자가 후배 제자에게 차례대로 학문을 전수하여, 후배 제자들 중에는 스승의 얼굴 한 번 보지 못한 사람이 많았다.

동중서는 공부를 할 때 무려 3년 동안 자기 집 정원을 구경하지 않았을 정도로 학문에 정진하였다. 그는 어떤 일이든지 나아가고 물러섬에 있어서 예의에 어긋나는 행동을 하지 않았다. 그래서 학문을 하는 선비들은 모두 그를 스승으로 존경하였다.

한나라 무제가 즉위하였을 때, 동중서는 강도국(江都國)의 재상이 되었으며, 중년에 이르러서는 중대부(中大夫)가 되어 주로 관사에 머물면서 천재지변에 대한 책을 기술하는 데 주력하였다.『재이지기(災異之記)』가 바로 그때 저술한 책이었다.

바로 그 즈음, 요동(遼東)에 있던 고조의 묘에서 화재가 일어난 적이 있었다. 당시 한나라 조정에는 동중서를 미워하는 대신들이 많았다. 그가 학자로서 많은 사람들로부터 존경의 대상이 되고 있는 것을 시기하는 사람들이었다.

"이것은 필시 동중서의 짓이 분명합니다."

무제에게 이렇게 고한 것은 주부언(主父偃)이었다. 그러고 나서 그는 동중서가 지은 책들을 가져다 증거물로 제시하였다. 즉 천재지변의 원리를 이용한 음양의 조화를 통하여 고조의 묘당에 불을 질렀을 법한 대목을 그 증거로 지목한 것이었다.

그러자 그러한 저술에 대하여 헐뜯고 비방하는 자들이 점점 많아졌다. 동중서의 제자인 여보서(呂步舒)는, 그 책자가 스승이 지은 것인지도 모르고 맹렬하게 비판하기까지 하였다.

결국 동중서는 억울하게 감옥에 갇혔다. 그러나 명확한 증거가 없었기 때문에 황제의 조칙으로 사면되어 겨우 목숨을 건졌다. 그 다음부터 동중서는 다시는 천재지변에 대한 말을 꺼내지도 않았다.

동중서의 사람 됨됨이는 청렴결백하고 강직하였다. 공손홍(公孫弘)은 제자들에게 『춘추』를 가르치는 데 있어서 동중서만 못했지만, 아첨을 좋아하고 시류에 잘 편승하는 편이어서 그 지위가 공경(公卿)에 이르렀다.

동중서는 그러한 공손홍을 경멸하였다. 그러자 공손홍이 동중서를 제거하기 위해 한 가지 계략을 세웠다.

공손홍이 무제에게 나가 말하였다.

"폐하! 동중서는 아까운 인재입니다. 그를 교서국(膠西國)의 재상으로 보내는 것이 좋을 듯합니다."

당시 교서국에는 무제의 형이 제후로 있었는데, 천성적으로 성질이 난폭하여 함부로 고관대작들을 살해하곤 하였다. 그래서 그 누구도 벼슬을 얻어 교서국으로 가는 것을 꺼려하였다.

"동중서라면 어지러운 교서국을 잘 다스릴 수 있으리라 믿소."

무제는 동중서를 교서국 재상으로 보냈다.

동중서는 교서국으로 떠났다. 그런데 정작 교서왕은 동중서의 행실이 올바르다는 소문을 듣고, 그를 잘 대우해 주었다.

그러나 교서왕은 성질이 난폭하여 언제 어느 때 돌변하여 신하들을 죽일지 알 수 없었다. 성질이 날 때는 재상이라도 살아남을 수 없을 만큼 포악하기 이를 데 없었다.

결국 교서국에 오래 머물러 있다가는 죽을 것이 뻔하다고 생각한 동중서는, 병을 핑계로 재상의 자리에서 물러났다. 그리고 집에 머물면서 죽을 때까지 집안 살림은 돌보지 않은 채 오로지 학문을 연구하고 저술하는 데만 전념하였다. 그리하여 한나라 5대에 이르기까지 오직 동중서만이 『춘추』에 통달한 인물이란 명예를 얻었다.

동중서는 뛰어난 인물이지만 주변의 적들을 동료로 끌어들이는 일에 실패하여 결국 한나라 재상 자리에서 물러나 제후국으로 쫓겨갔다. 그리고 그곳에서도 포악한 왕이 무서워 오래 머물지 못하고 병을 핑계로 벼슬자리에서 물러나고 말았다. 그는 뛰어난 인물이었지만, 리더로서의 자격을 제대로 갖추었다고 보기 어렵다. 뛰어난 리더는 적을 자기편으로 만든다. 적까지도 자기 품안에 감싸 안을 수 있는 포용력, 그것이 바로 리더십이다.

불굴의 개척 정신

장건이 개척한 길이 오늘날의 실크로드다. 그가 아니었다면 동서양의 문명 교류나 문물의 교환 시기가 더욱 늦어졌을 것이다. 따라서 그의 실크로드 개척은 인류 문명의 발전에 크게 기여하였다고 보아도 좋다.

*

요즘 같은 스피드 시대에는 누가 먼저 새로운 분야로 진출하느냐에 따라 그 기업의 성패가 달려 있다. 무인도는 먼저 점령하는 사람에게 개발 우선권이 있다. 미개척지를 개발하는 불굴의 정신이야말로 리더가 갖추어야 할 기본 덕목이다.

중국 한(漢)나라 무제(武帝)는 흉노들의 침략으로 계속 군사를 일으키지 않으면 안 되었으며, 한편으로는 그들을 견제하기 위하여 서방 제국과의 교섭을 시작하였다.

당시 무제는 흉노에서 투항해 온 자들로부터 여러 가지 정보를 입수하였다. 그 정보에 의하면 흉노의 선우는 월지국(月氏國)의 왕을 죽인 후, 그 두개골로 술잔을 만들어 쓰고 있다 하였다. 흉노들이 그처럼 원한에 사무쳐 월지국을 정벌했기 때문에, 월지국의 백성들은 서방으로 쫓겨가 살면서 어떻게 하면 흉노들을 물리치고 옛 땅을 회복할까 절치부심(切齒腐心)하고 있다는 것이었다. 그러나 자체적으로는 힘이 부족하여 감히 흉노를 칠 생각조차 못하고 있는 실정이었다.

"월지국으로 사신을 파견해야겠소. 누가 좋겠소?"

무제가 신하들에게 물었다.

그러나 누구도 선뜻 나서는 사람이 없었다. 한나라에서 월지국으로 가려면 반드시 흉노의 땅을 통과해야만 하기 때문에, 그것은 죽음을 각오하고 떠나야만 하는 길이었다.

그때 낭관(郎官) 출신의 장건(張騫)이 사신을 자청하고 나섰다. 그는 당읍현(堂邑縣) 출신의 흉노인 감보(甘父)와 함께 1백여 명의 수행원을 데리고 월지국으로 출발하였다.

농서를 지나 흉노의 땅으로 들어선 장건 일행은 곧 흉노군에게 사로잡혀 선우에게로 끌려갔다.

"월지국은 우리의 북쪽에 있다. 한나라 사신이 어떻게 우리의 땅을 통과해 월지국까지 갈 수 있단 말인가? 내가 만일 한나라 남쪽에 위치한 월(越)나라에 사신을 보낸다면 한나라가 과연 통과시켜 주겠는가? 분명 통과시키지 않을 것이다. 그대가 만일 우리 흉노의 땅에 머물겠다면 목숨을 살려주겠지만, 곧 떠나려 한다면 가만두지 않겠다."

선우의 말에 장건은 어찌할 방도가 없었다. 그래서 그는 감보 및 그 밖의 수행원과 함께 흉노의 땅에 머물게 되었다.

흉노의 땅에 살면서 장건은 차츰 행동의 자유를 보장받게 되었다. 그는 그곳에서 아내까지 얻어 자식을 낳았다. 그러나 무려 10년이란 세월을 흉노의 감시 속에 살면서도 그는 늘 탈출을 꿈꾸었다.

가정까지 꾸미고 살게 되자 흉노들은 이제 장건도 어쩌지 못하고 흉노의 땅에 주저앉아 버릴 수밖에 없을 것이라 생각하고 감시를 게을리하였다.

장건은 그때를 놓치지 않고 탈출을 감행하였다. 가족들을 데리고 먼 길을 떠날 수는 없었기 때문에, 한나라의 사신임을 증명할 수 있는 부절(符節)을 품속에 챙겨 넣고 몰래 흉노의 땅을 벗어났다. 그때 몇몇 수행원만 그를 따랐다.

장건 일행은 수십 일이 지나 대원국(大宛國)에 이르렀다. 대원 국은 옛날부터 물자가 풍부하여 한나라와 서로 무역을 하려고 하였 으나 워낙 멀어서 뜻을 이루지 못하였다.

"그대는 어디로 가려 하는가?"

대원국의 왕은 한나라 사신인 장건을 반갑게 맞이하며 물었다.

"월지국까지 가는 길입니다. 도중에 흉노들에게 붙잡혀 10년 세 월을 보내다가 이제서야 도망쳤습니다. 저희 일행에게 월지국까지 가는 길안내를 해줄 사람을 붙여주시면 감사하겠습니다. 월지국에 가서 임무를 수행하고 다시 한나라로 돌아가면, 한나라에서는 대왕 께 후한 선물을 보내주실 것입니다."

대원국의 왕은 기뻐하며 장건 일행에게 길 안내할 사람을 붙여 주었다.

월지국에 가니 흉노에게 왕이 죽고 나서 태자가 그 뒤를 이어받 아 통치하고 있었다. 새로 즉위한 왕은 대하(大夏)를 완전히 월지국 으로 복속시켜 종주국 노릇을 하였다. 외적의 침입이 없는 데다 땅 이 비옥하여 월지국은 평온한 나날을 보내고 있었다. 더구나 그곳 에서 한나라까지는 너무 멀어 서로 협력해서 흉노에게 보복할 생각 은 엄두도 내지 못하였다.

장건은 월지국에서 1년 남짓 체류하면서 왕을 설득해 보았으나, 흉노를 칠 생각이 전혀 없음을 알게 되었다. 결국 그는 한나라로 돌 아가기 위해 흉노의 땅을 밟았다가, 또다시 흉노군에게 붙잡혔다. 거기서 다시 1년간 머무르는 동안 선우가 죽고 좌곡려왕이 반란을 일으켜 스스로 왕이 되었다.

　　이러한 혼란을 틈타 장건은 흉노인 아내와 자식들, 흉노인 수행원 감보를 데리고 한나라로 탈출하였다. 이때 감보는 활을 잘 쏘아 식량이 떨어질 경우 짐승을 잡아 일행에게 굶주림을 면할 수 있게 해주었다. 한나라를 떠날 때 장건 일행은 감보를 포함하여 1백여 명이 넘었으나, 13년이 지난 후 다시 돌아왔을 때는 장건과 감보 단 두 사람뿐이었다.

　　"무사히 돌아와 주었구려."

　　무제는 13년 만에 돌아온 두 사람에게 칭찬을 아끼지 않았다. 그리고 비록 바라던 목적을 달성하지는 못했으나, 그 먼 거리를 죽음을 무릅쓰고 다녀온 것만으로도 큰 공로라 여겨 장건을 태중대부(太中大夫)에, 감보를 봉사군(奉使君)에 각각 임명하였다.

　　당시 장건이 개척한 길이 오늘날의 실크로드다. 그가 아니었다면 동서양의 문명 교류나 문물의 교환 시기가 더욱 늦어졌을 것이다. 따라서 그의 실크로드 개척은 인류 문명의 발전에 크게 기여하였다고 보아도 좋다.

　　이러한 개척자로서의 장건에게서 리더의 개척 정신을 배울 수 있다. 물질문명이 발달한 오늘날에도 미개척 분야는 널려 있다. 특히 요즘 같은 스피드 시대에는 그 틈새를 누가 먼저 발견하고 기술 투자를 서두르느냐가 중요하다. 기업가들은 '2등은 없다, 오직 1등만이 살아남는다' 고 외친다. 그들이 1등을 강조하는 것은 미개척 분야를 먼저 선점하는 기업만이 그 시장의 주도권을 잡을 수 있기 때문이다.

사람의 소중함을 모르는 리더

백기

명장 백기의 자결은 소왕의 명에 의한 것이었지만, 그는 그 스스로 자신의 잘못 때문임을 깨달았다. 그 순간 그는 자신이 세간에 알려진 것처럼 진짜 명장은 아님을 알았던 것이다. 진짜 명장은 전쟁터에서도 사람의 목숨을 아낀다.

＊

경제가 위축되면 기업은 흔히 가장 손쉬운 방법으로 구조조정에 들어간다. 이때 평소 미운 털이 박힌 사원들은 가장 먼저 감원 대상에 포함된다. 그러나 사원을 함부로 잘라서는 유능한 리더라고 할 수 없다. 될 수 있으면 사원들의 피해를 최소한으로 줄이는 방향에서 기업도 살리는 윈윈 작전으로 나가는 것이 옳다. 가장 현명한 방법은 구조조정보다 있는 사원들의 능력을 최대한 활용하여 새로운 사업을 전개하는 일일지도 모른다.

기업은 사람을 살리기 위해 있는 것이고, 따라서 유능한 리더는 인재를 아끼는 것을 제1의 원칙으로 삼는다. 설사 적이라 하더라도 감싸 안아 자기 수하로 끌어들이는 것이 리더의 덕목이다.

중국 진(秦)나라 소왕(昭王) 때의 명장 백기(白起)는 용병술이 뛰어났다. 그는 출전하면 적군의 수십 성을 공략하고, 수만의 목을 베었다. 그래서 소왕은 그를 무안군(武安君)에 봉하였다.

소왕 46년 진나라는 좌서장 왕흘을 보내 조나라를 공격케 하였다. 마침 조나라에서는 염파(廉頗)를 장군으로 삼아 맞서 싸웠다. 염파는 견고하게 누벽을 쌓고 조나라 군사들에게 명령을 내렸다.

"진나라 군사들이 지치고 방심해질 때까지 기다리자!"

진나라 군사는 수없이 조나라 군사들이 쌓아올린 누벽을 공격하였으나 무너뜨릴 수가 없었다.

한편 조나라 왕은 염파가 누벽에서 나와 떳떳하게 진나라 군사와 전면전을 펼치지 않는 것에 불만이 많았다.

이때 진나라의 재상 응후(應侯)는 천금을 뿌려가며 조나라 조정을 이간질하였다.

"진나라가 미워하고 두려워하는 것은 마복군(馬服君)의 아들 조괄(趙括)이다. 염파 따위는 상대도 안 된다."

진나라 재상 응후의 이 같은 주장은 곧 조나라 조정 대신들에 의해 왕에게 보고되었다.

조나라 왕은 그 말이 옳다고 생각하였다. 그래서 염파를 불러들이고 조괄을 장군으로 삼아 진나라 군대를 격파하도록 하였다.

한편 조괄이 조나라의 장군이 되었다는 소식이 전해지자, 소왕은 몰래 무안군 백기를 대장군으로 삼아 전군을 지휘하게 하였다.

"나 무안군이 진나라의 대장군이 되었다는 말을 입 밖에 내는 자는 베어버리겠다!"

백기는 진나라 군사들에게 명령을 내렸다.

이것은 모두가 용병술이 뛰어난 백기의 전략에 따른 것이었다. 조나라의 노장 염파는 실전 경험이 많기 때문에 만만치 않은 상대였다. 그러나 조괄은 젊고 패기는 있어도 실전 경험이 많지 않아 유인 작전을 쓰기가 용이하였다.

하지만 만약 백기가 대장군이 되었다는 소문이 퍼지면 조괄도 섣불리 공격을 하지 않을 것이기 때문에, 그 사실을 비밀에 붙이기로 하였던 것이다.

조나라 군사들이 쳐들어오자 진나라 군사들은 일부러 패한 척 달아났다.

"별것 아니군!"

조괄은 승세를 타고 군사를 몰아 진나라 군대의 누벽까지 단숨에 진격해 들어갔다.

그러나 진나라의 방위벽은 의외로 견고하였다. 어물어물 하고 있는 사이 조나라 군대의 후방에서 진나라 복병 2만5천 명이 나타나 퇴로를 차단해 버렸다.

조괄의 군사는 다시 조나라로 돌아가고 싶어도 돌아갈 수 없게 되었다. 보급로가 끊겨 군사들이 먹을 양식조차 보급이 안 되는 위기에 처하였다.

"우리는 군사가 많다. 곧 구원군이 올 것이다."

조괄은 일단 희망을 가지고 기다려 보기로 하였다.

그러나 백기는 조나라의 구원군이 오지 못하도록 철저하게 차단해 놓고 있었기 때문에, 조괄의 군사 40만은 독 안에 갇힌 쥐가 되어버리고 말았다. 46일 동안 굶게 되자 아사자가 속출하였고, 서로 죽여서 그 살을 베어 먹는 일이 비일비재하게 일어났다.

"이대로 굶어죽느니 차라리 탈출이라도 해보자."

조괄은 군사를 4개 부대로 편성하여 다섯 번이나 탈출을 시도하였으나, 실패만 거듭하였다.

너무 굶어서 기력을 잃은 조나라 군사들은 제대로 싸워보지도 못하고 끝내 항복하고 말았다.

백기는 조나라의 포로 40만 명을 처분하는 일이 걱정이었다. 전에 상당(上黨)을 공격하였을 때, 조나라 백성들은 진나라 백성이 되기 싫다 하여 모두 살던 곳을 버리고 조나라 땅으로 가버렸다. 조나라 포로 역시 풀어주면 모두 조나라로 돌아가 다시 군사를 정비해 보복을 하러 쳐들어올 것이 분명했다. 그렇다고 포로로 잡아두면 그 식량도 문제거니와 반란을 일으킬 가능성이 매우 컸다.

그래서 백기는 조나라 포로 40만을 모두 생매장해 버렸다.

그로부터 몇 년 후 진나라 소왕은 조나라 수도 한단을 공격하기로 마음먹었다. 그러나 그때 백기는 병이 들어 출병할 수 없었다.

백기가 없이 출전한 진나라 군대는 많은 전사자를 냈다. 왕흘은 부하 장수를 한꺼번에 다섯 명이나 잃을 정도로 대패하였다.

"무안군을 불러와야 해."

소왕은 조나라의 한단을 공략하기 위해서는 용병술의 명장 백기의 전략이 필요하다고 생각하였다.

"한단은 공격하기에 쉽지 않은 곳입니다. 게다가 다른 제후국들이 조나라를 도우러 올 것입니다."

백기는 소왕을 알현하고 이렇게 말하였다.

"그렇다면 어떡했으면 좋겠소?"

"최선의 방법은 출병을 하지 않는 것입니다."

소왕은 백기의 말에 실망하였다.

"좋소. 그대가 출병을 하지 않겠다면 다른 장수를 보내는 수밖에. 만약 한단을 격파한다면 그때는 그대의 주장에 대해 책임을 지시오."

소왕은 할 수 없이 다시 왕흘에게 군사를 주어 한단을 공략케 하였다. 그러나 조나라 왕은 이웃 나라에 급히 구원군을 요청하여 초나라에서 춘신군(春申君)이, 위나라에서는 신릉군(信陵君)이 10만

대병을 이끌고 와서 진나라 군사에 대적하였다. 이 연합군에게 진나라 군사는 대패하였다.

"역시 무안군이 있어야 해."

소왕은 다급한 나머지 재상 응후를 백기에게 보내 출병해 줄 것을 부탁하였다. 그러나 백기는 병을 핑계 삼아 완강하게 거부하였다.

"백기는 무엄하기 짝이 없는 자입니다. 전날 대왕께서 무안군인 자기의 말을 듣지 않고 군사를 출병시켰다가 대패했다고 대왕을 비방하고 있습니다."

재상 응후가 백기를 만나고 돌아와 보고하였다.

"무어라고? 짐의 명령을 거부해? 그자를 당장 파면시켜 사졸로 떨어뜨려라."

소왕은 화가 나서 소리쳤다.

그후 소왕은 백기를 변방으로 내쳤다. 백기가 병든 몸을 이끌고 변방으로 향해 떠날 때 사자가 달려와 말하였다.

"이 칼로 자결하라는 대왕의 명이오."

백기는 칼을 들어 자신의 목을 찌르려다 말고 탄식하여 말했다.

"과연 내가 무슨 죄를 지었단 말인가? 그러나 하늘의 뜻이라면 할 수 없지."

"그 마지막 말씀을 대왕께 전하겠습니다."

사자가 말하였다.

"가만, 가만 있거라! 생각해 보니 역시 나는 죽어야 할 목숨이었구나."

"예에? 아니 왜요?"

사자가 생각해도 백기는 억울하게 죽는 마당이었다.

"내가 조나라 포로 40만 명을 생매장했으니, 나는 역시 비명에 죽어 마땅하다!"

백기는 말을 마치고 곧 자결하였다.

명장 백기의 자결은 소왕의 명에 의한 것이었지만, 그는 그 스스로 자신의 잘못 때문임을 깨달았다. 그 순간 그는 자신이 세간에 알려진 것처럼 진짜 명장은 아님을 알았던 것이다. 진짜 명장은 전쟁터에서도 사람의 목숨을 아낀다. 설사 그것이 적군이라 하더라도 최소한의 피를 흘리고 최대의 성과를 거두는 것이 진정한 군사 작전인 것이다.

기업도 마찬가지다. 최소한의 피를 흘리고 최대의 효과를 거두는 것이야말로 최선의 전략이다. 유능한 리더는 사원 단 한 사람의 아픔까지도 자신의 아픔처럼 감싸안을 줄 알아야 한다. 사람을 아낄 줄 모르는 리더는 명장 백기처럼 비참한 최후를 맞을 수 있음을 깊이 유념할 필요가 있다.

협상의 가장 큰 무기는 배짱이다

협상의 자리에서 비수를 들이대는 것은 자칫 비열한 짓으로 보일 수도 있다.

그러나 그 용력만큼은 높이 사줄 만하다.

협상의 자리에서는 적어도 조말 같은 용기가 필요하다는 이야기다.

*

협상의 기술이 뛰어난 사람이 유능한 리더다. 기업의 활동은 협상의 연속이다. 그러므로 협상에서 누가 먼저 주도권을 확보하느냐에 따라 그 기업의 성패가 결정된다. 협상은 사전에 철저하게 준비해서 테이블에 나가는 것도 중요하지만, 서로 마주했을 때 먼저 상대의 기선을 제압하는 쪽에게 유리하게 되어 있다.

중국 노(魯)나라 장공(莊公)은 용기가 있고 힘센 사람을 좋아하였다. 조말(曹沫)은 용력(勇力)이 대단한 사나이였다.

조말은 노나라의 장수가 되어 제나라와 싸웠는데, 제나라에 비하여 워낙 작은 나라인 데다 군사도 중과부적이어서 세 번이나 패하여 달아났다. 노나라 장공은 제나라 환공(桓公)을 두려워하여 수읍(遂邑)을 바치면서 제나라와 강화조약을 맺기로 하였다.

그런데 그때까지도 노나라 장공은 패장인 조말은 파직시키지 않았다. 그의 용력을 믿고 있었기 때문이었다.

노나라 장공이 제나라 환공과 회맹(會盟)을 하기 위해 떠날 때 조말이 따라나섰다. 곧 두 나라 왕은 회맹의 장소에 나와 단상에 마주 앉았다. 두 나라가 서로 화친을 맹세하는 자리인데, 제나라 환공은 노나라 장공을 신하 대하듯이 하였다.

그때 갑자기 조말이 단상을 뛰어올라가 제나라 환공에게 비수를 들이댔다.

"아앗!"

너무 갑작스러운 일이어서 제나라 장수들도 어찌할 바를 모른 채 그저 멍하니 그 광경을 바라보고만 있을 뿐이었다.

"그대는 지금 어쩌겠다는 심산인가?"

제나라 환공이 물었다.

"제나라는 강하고 노나라는 약합니다. 그런데 큰 나라가 작은 나라를 침략하는 것이 도가 지나칩니다. 이제 노나라의 궁궐 담이 무너지면 그 돌조각이 제나라 땅에 떨어질 정도입니다."

조말이 큰소리로 말하였다.

"그래서 어쩌겠다는 건가? 우선 비수나 치우고 차근차근 얘기할 수 없겠나?"

제나라 환공은 대범함을 보이며 짐짓 여유 있게 웃었다.

"저와 약속을 하기 전까지는 이 비수를 치우지 않겠습니다. 지금 대왕의 장수들은 멀리 있고, 이 비수는 가까이 있습니다."

조말의 위협에 환공도 겁을 먹지 않을 수 없었다.

"그대는 어떤 약속을 바라는가?"

"지금까지 제나라가 빼앗은 우리 노나라 땅을 모두 돌려주십시오!"

여전히 조말의 목소리는 우렁찼다.

이렇게 되자 목숨이 경각에 달린 제나라 환공도 더 이상 버틸 자신이 없었다.

"좋다. 지금 이 순간부터 노나라에게 빼앗은 땅을 모두 돌려주겠다."

환공이 말하였다.

“이것은 약속입니다. 여기에 모인 사람들이 모두 들을 수 있도록 큰소리로 다시 한 번 외쳐주십시오.”

“노나라 땅을 모두 돌려주겠다!”

환공은 조말의 요구대로 다시 한 번 큰소리로 약속을 하지 않을 수 없었다.

그러자 조말은 비수를 던져버리고 단상에서 내려와 자리로 돌아가 북쪽을 향해 앉았다. 그의 얼굴빛은 전과 다름이 없었고, 표정도 어디 하나 일그러진 구석을 찾아내기 어려웠다.

회맹은 계속 진행되었으나, 분위기는 전 같지 않고 찬물을 끼얹은 듯 자못 삼엄하였다.

환공은 조말에게 당한 모욕을 도무지 참을 수가 없었다. 그래서 제나라 장수를 불러 귓속말로 조말을 당장 쳐죽이라고 명령하였다.

그때 제나라 재상 관중(管仲)이 나서서 말하였다.

“약속을 어겨서는 안 됩니다. 작은 이익을 탐내어 스스로 만족하시면 제후들에게 신의를 잃게 됩니다. 제후들에게 신의를 잃게 되면 천하를 얻을 수 없습니다. 조말과의 약속대로 행하시는 것이 도리입니다.”

환공은 관중의 말을 듣기 전까지만 해도 조말과 약속한 것을 지키지 않을 생각이었다. 그러나 관중의 말을 듣고 보니 작은 이익을 탐하려다 큰 이익까지 놓쳐버릴 것 같았다.

“허허허! 이미 노나라와 세 번 싸워 빼앗은 땅을 모두 돌려주기로 했으니, 그 약속을 지키면 될 것이 아니오?”

환공은 조말과의 약속을 지켰다.

조말은 이렇게 해서 비수 한 자루로 제나라에게 빼앗겼던 땅을 모두 찾을 수 있었다.

협상의 자리에서 비수를 들이대는 것은 자칫 비열한 짓으로 보일 수도 있다. 그러나 그 용력만큼은 높이 사줄 만하다. 협상의 자리에서는 적어도 조말 같은, 그런 용기가 필요하다는 이야기다.

사람을 감동시켜라

섭정이 자신의 목숨을 아까워하지 않고 엄중자의 원수를 갚아주었던 것은 '감동' 때문이었다. 백정의 처지에 있는 자신을 재상 출신의 엄중자가 의협심 강한 사람으로 알아주었다는 것에 감동한 것이다.

그리고 그는 그 감동을 몇 배의 감동으로 엄중자에게 선사하였다.

*

사람과 사람 사이를 이어주는 것은 감동의 끈이다. 서로에게 감동을 주는 관계가 성립될 때 그 끈은 아주 튼튼한 명주실이 된다. 사람을 감동시키는 것이야말로 리더의 덕목이다. 자신이 하나의 감동을 주었을 때, 상대는 그 몇 배에 해당하는 감동을 되돌려준다. 그러므로 기업은 자금을 투자하지만, 그 기업을 이끄는 리더는 사람들에게 감동을 투자한다.

한(韓)나라의 애후(哀侯)를 섬기던 엄중자(嚴仲子)는 재상 협루(俠累)와의 사이가 좋지 않았다. 그는 주살될 것이 두려워 여러 곳을 유람하면서 원수 갚을 방법에 골몰하였다. 그러던 중 그는 제나라에서 우연히 섭정이란 인물에 관한 이야기를 들었다.

"섭정은 용감한 사람입니다. 지금은 사람을 죽이고 원수를 피하여 백정들 사이에 숨어 살지만 의협심이 매우 강한 사나이지요."

이 말을 들은 엄중자는 섭정을 찾아갔다.

엄중자는 여러 차례 만나 섭정과 교제를 하면서, 정말 그가 듣던 대로 의협심이 강한 사람이라는 것을 알았다.

어느 날 엄중자는 섭정의 어머니에게 주연을 베풀었다. 축수를 드리며 술잔을 올리고, 백금을 선물하였다.

섭정은 깜짝 놀라 그 선물을 사양하였다. 그러나 엄중자는 다시 정중하게 선물을 받아줄 것을 요청하였다.

"저는 노모를 모시고 있습니다. 집이 가난하여 객지로 돌아다니고 있습니다만, 개와 돼지를 잡는 일을 하면 아침저녁으로 맛있고 부드러운 고기를 얻어 어머님을 봉양할 수 있습니다. 그러니 감히 승상께서 내려주시는 선물을 받을 수가 없습니다."

그러자 엄중자는 주위 사람을 물리치고 나서 섭정에게 다음과 같이 말하였다.

"사실을 말씀드리지요. 이 몸에게는 원수가 있어 이리저리 피해 돌아다니고 있소. 이곳 제나라에 오니 그대가 의협심이 매우 강하다는 소문을 들었소. 그대도 이 몸과 같은 처지라는 걸 느꼈소. 그러므로 백금을 올리는 것은 오직 그대의 어머님 음식 비용에 쓰이게 되었으면 하는 바람일 뿐이오. 그대와 친교를 맺고자 하는 것일 뿐, 다른 요구를 하는 것은 아니니 부디 받아주시기 바라오."

섭정이 말하였다.

"제가 뜻을 굽히고 몸을 욕되게 하여 백정 노릇을 하고 있는 것은 오직 늙으신 어머님을 봉양하기 위함입니다. 이러한 어머니가 계시니 제 몸을 감히 남에게 바칠 수가 없습니다."

그래도 엄중자가 다시금 백금을 받으라고 하였으나, 섭정은 굳이 그것을 받지 않았다.

"정말 효성이 지극하시오."

엄중자도 감동을 하였으며, 예의를 다하여 섭정의 어머니를 위한 주연을 마치고 돌아갔다.

그리고 몇 년 뒤 섭정의 어머니가 죽었다. 장사를 지내고 3년이 지나 상복을 벗었을 때, 섭정은 지난날 엄중자의 일을 생각하며 이렇게 말하였다.

　"아아, 나는 일개 시정의 백정이다. 칼을 휘둘러 개나 돼지를 도살하는 천한 신분이다. 그리고 엄중자는 바로 제후를 모시던 재상인데, 천 리를 달려와 백정인 나와 친교를 맺었다. 하지만 나는 아직까지 그를 위하여 한 일이 하나도 없다. 엄중자는 백금을 받들어 나의 어머니에게 장수의 축원을 드렸다. 그때 엄중자는 자신의 원수를 원망하면서 나에게 도움을 요청하였으나, 나는 어머니 때문에 박정하게 그의 호의를 거절하였다. 이제 어머니가 돌아가신 마당에 내가 이대로 있을 수 없다. 엄중자는 나를 알아준 분이다. 나는 이제 나를 알아준 분을 위하여 무언가 일을 해볼 생각이다."

　섭정은 곧 위나라의 수도 복양에 살고 있는 엄중자를 찾아갔다.

　"아니, 이게 누구요?"

　엄중자는 섭정을 알아보고 반갑게 맞았다.

　"저의 어머님께서 타고난 수명을 다 누리시고 세상을 떠나셨습니다. 저는 이제 자식으로서 할 바를 마쳤습니다. 전에 승상께서 베풀어주신 은혜에 감사드립니다. 이제 저는 승상께 몸을 맡겨, 승상의 원수를 갚는 일에 적극 나서기로 하였습니다."

　엄중자가 말하였다.

　"이 몸의 원수는 한나라 정승 협루요. 협루는 한나라 왕의 숙부로서, 그 일족의 세력이 강성하여 감시하는 자가 많기 때문에 접근하기가 매우 어렵소. 그동안 여러 차례 사람을 시켜 그를 찔러 죽이고자 하였으나 번번이 실패하였소. 지금 그대가 이 몸을 도와주겠다고 하니 정말로 고맙구려. 그대를 지원할 장사들과 기마를 곧 마련하겠소."

“아닙니다. 이곳 복양에서 한나라까지는 거리가 멀지 않습니다. 지금 한나라의 정승을 죽이려고 하는 마당에 여러 사람을 끌어들이는 것은 오히려 위험합니다. 사람이 많으면 의견에 시비가 생기며, 의견에 시비가 생기면 비밀이 누설되고, 비밀이 누설되면 한나라 전체가 승상을 원수로 생각하게 될 것이니, 어찌 위태롭지 않을 수 있겠습니까? 이것은 저 혼자 비밀리에 진행해야 합니다.”

섭정은 혼자서 한나라 승상 협루를 죽이기 위해 떠났다.

당시 협루는 한나라 관부(官府)의 당상(堂上)에 앉아 온갖 권위를 다 누리고 있었다. 뿐만 아니라 곁에서 호위하는 무사들도 많았다.

그러나 섭정은 결코 눈을 부릅뜬 무사들을 겁내지 않았다. 그는 지팡이를 짚은 채 곧바로 협루가 서 있는 쪽으로 성큼성큼 걸어갔다. 너무 당당한 걸음걸이여서 무사들도 의심을 하는 자가 없었다.

“너는 누구냐?”

섭정이 가까이 갔을 때 섬돌 위에 서 있던 협루가 외쳤다.

“그대가 협루요?”

섭정은 대뜸 섬돌 위로 올라서며 지팡이 속에서 칼을 빼어들었다. 지팡이는 바로 협루의 무사들 눈을 피하기 위해 만든 칼집이었던 것이다.

“아앗!”

협루도 놀라고, 그를 호위하던 무사들도 놀라서 그저 눈만 크게 뜬 채 어찌할 바를 모르고 있었다.

“너, 너는 누구냐?”

협루가 겁에 질려 소리쳤다.

"곧 죽을 목숨인데 내가 누구인지 알아 무엇하랴!"

섭정은 단칼에 협루의 목을 베어버렸다.

너무도 놀랍고 대담한 칼솜씨에 협루의 무사들은 감히 접근을 하지 못한 채 우왕좌왕하였다. 그는 다시 칼을 휘둘러 수십 명의 무사들을 쓰러뜨렸다. 그러자 모두들 더 이상 가까이 접근을 하지 못한 채 수십 겹으로 포위만 하고 있을 뿐이었다.

섭정은 이제 도망치기는 글렀다고 생각하였다. 그는 들고 있던 칼로 자신의 얼굴 가죽을 벗기고 눈을 도려내었으며, 마지막에는 배를 갈라 내장을 끄집어내고 죽었다.

한나라에서는 섭정의 시체를 가져다 신분을 밝혀보려 했으나 허사였다. 그의 시체는 거리에 내걸렸고, 그가 누구인지 신분을 아는 자에게는 1천금의 상금을 준다고 공포하였다. 그러나 오랜 시간이 지나도 그를 안다는 사람이 나타나지 않았다.

그런데 섭정의 누이 섭영도 그 소식을 들었다.

"그것은 나의 아우 섭정이 분명하다. 아아, 엄중자가 내 아우의 인물됨을 알아주었구나!"

섭영은 당장에 한나라로 가서 동생 섭정의 시체를 확인해 보았다. 얼굴 가죽이 벗겨지고 눈알이 빠졌지만, 누이는 동생의 시체가 분명하다는 걸 알았다.

곧 그 섭정의 시체 주위로 많은 구경꾼들이 몰려들었다. 누이 섭영은 시체에 엎드려 울면서 말하였다.

"이 사람은 심정리(沈井里)에 살았던 섭정입니다."

구경꾼 중의 한 사람이 츳츳 혀를 찼다.

"여보시오. 당신 지금 정신이 있소 없소? 이 사람은 우리나라 정승을 죽였소. 그래서 이 자를 아는 사람에게는 1천금의 상금을 준다고 한 것도 듣지 못하셨소? 어째서 일부러 와서 감히 이 사람을 안다고 하시오?"

섭영은 동생 섭정에 대하여 다 말하였다. 엄중자에게 은혜를 입은 것이며, 그 은혜에 보답하고자 한나라 승상 협루를 죽이게 된 사연을 다 밝혔다.

"제 동생 섭정은 의협심이 강합니다. 의사(義士)는 원래 자기를 알아주는 사람을 위하여 죽는다고 했습니다. 그런데 동생은 스스로 몸을 해쳐서 자신을 알아보지 못하게 하여 누이인 저를 보호하려 했던 것입니다. 허나 제가 어찌 이 하찮은 목숨을 아깝게 여겨 제 동생의 이름을 숨길 수 있겠습니까? 제 동생은 이 세상에 의로운 사람으로 그 이름이 널리 알려져야 합니다."

섭영의 이와 같은 말을 들은 주위 사람들은 모두들 감동하여 고개를 끄덕였다.

섭영은 곧 '하느님!'을 세 번 소리쳐 부른 후 동생 섭정의 시체를 끌어안은 채 죽어버렸다.

이 소문은 한나라뿐만 아니라 진(晉)나라·초(楚)나라·제(齊)나라·위(衛)나라에까지 전해졌다. 곧 세상의 많은 사람들이 말하였다.

"섭정만 위대한 것이 아니라, 그의 누이 또한 열녀(烈女)로구나!"

섭정이 자신의 목숨을 아까워하지 않고 엄중자의 원수를 갚아
주었던 것은 '감동' 때문이었다. 백정의 처지에 있는 자신을 재상
출신의 엄중자가 의협심 강한 사람으로 알아주었다는 것에 감동한
것이다. 그리고 그는 그 감동을 몇 배의 감동으로 엄중자에게 선사
하였다.

리더에게 있어서 감동은 사람에 대한 투자다. 많은 사람을 감동
시킬 줄 아는 능력이 있어야, 그 아래 능력 있는 많은 사람들이 몰려
든다. 기업은 자금이나 기술로 하는 것이 아니라 어디까지나 사람
의 능력으로 일으켜세우는 것이다. 능력 있는 사람들을 끌어모으는
힘은, 많은 사람들을 감동시킬 줄 아는 리더의 능력에서 나온다. 그
것을 '감동 경영' 이라고 부른다.

리더를 움직이는 부하

한고조 유방과 번쾌는 서로 동서지간이기는 하지만, 혈연보다 더 뜨거운 정으로 결합된 관계였다. 무엇이 그들을 그처럼 단단한 고리로 묶어주었을까. 그것은 리더의 덕과 부하의 충정이 '감동'이라는 인간적 믿음으로 맺어질 수 있었기 때문에 가능한 일이었다.

✳

진실한 감동은 사람을 움직이게 한다. 리더는 덕을 베풀어 부하를 움직이게 하고, 충정 어린 부하는 감동으로 리더를 움직이게 만든다. 리더와 부하는 상하관계 이전에 감동의 교류로 만나는 진실한 인간관계여야 한다.

중국 한(漢)나라 때의 장수 번쾌는 원래 패현(沛縣) 출신으로 개를 도살하는 것을 생업으로 삼았던 사람이다.

진승(陳勝)이 진나라에 반기를 들고 군사를 일으켰을 때 패현의 현령은 번쾌를 시켜 산 속에 숨어 있는 유방을 불러오게 하였다. 그러나 유방을 따르는 세력들이 범상치 않은 것을 느끼고 현령은 성문을 굳게 닫아걸었다.

번쾌는 현령의 배반에 분노를 느꼈다. 그는 유방을 따르던 무리들과 함께 패성을 공략하였다.

패현을 공략하고 나서 유방이 패공(沛公)의 지위에 오르자, 번쾌는 그때부터 그의 가신이 되어 수족처럼 따라다녔다.

유방이 복양에서 진나라 장한의 군사를 공격할 때, 번쾌는 가장 먼저 성 위로 올라가 적의 수급 23개를 베었다. 그는 계속 유방을 따라 성양·호유·성무·하간·개봉·곡우·완릉·장사·환원·양성·무관 등의 전투에서 선봉장으로 가장 먼저 성루로 올라가 적을 베어 넘겼으며, 그가 단독으로 적의 수급을 베거나 사로잡은 포로들만 해도 그 숫자를 헤아리기 어려울 정도였다.

번쾌는 유방의 주인을 위해 목숨을 바친다는 각오로 전투에 임했다. 따라서 그 용맹은 유방의 휘하 장수 그 누구도 따를 수 없을 정도로 대단하였다.

항우가 홍문(鴻門)의 연회석상에서 범증(范增)과 함께 유방을 죽이려는 계략을 꾸며 휘하 장수로 하여금 칼춤을 추게 하였을 때, 번쾌는 철퇴를 든 채 불같이 연회석상으로 들어가 항우의 간담을 서늘하게 하였다.

그때 번쾌는 항우가 주는 술을 단숨에 비운 뒤 돼지 어깻죽지 한 짝이 안주로 나오자, 그 날고기를 칼로 썩썩 썰어 삽시간에 말끔히 먹어치웠다. 그리고는 항우를 향해 다음과 같이 큰소리로 말하였다.

"대왕께서는 미리 알아두어야 할 일이 있습니다. 우리 패공께서는 먼저 관중에 들어가 함양을 평정하고 패상으로 군대를 물려 노숙시키면서 대왕의 군대가 오기만을 기다리고 있었습니다. 그런데 대왕께서는 소인배의 말만 듣고 패공을 의심하고 계십니다. 저는 이런 일로 인하여 천하가 분열되고, 사람들이 대왕을 믿지 못할 분으로 생각할까 그것이 두려울 뿐입니다."

그때 항우는 아무런 대꾸도 하지 못했다.

유방은 그 틈을 타서 변소에 가는 척 연회석을 빠져나왔다. 번쾌는 곧 그 뒤를 따라 유방을 호위하며 패상에 있는 자기 진영으로 돌아갔다.

만약 그때 번쾌의 용맹스런 배짱이 아니었다면 유방은 칼춤을 추던 항우의 휘하 장수에게 목숨을 잃었을지도 모를 일이었다.

항우가 유방을 한(漢)나라 왕으로 삼았을 때, 유방은 번쾌에게 열후(列侯)의 작위를 주었다.

그 이후 번쾌는 유방이 항우와 싸울 때에도 여전히 선봉장으로 성루에 가장 먼저 올라갔으며, 양하(陽夏) 전투에서는 초나라 주장 군(周將軍)의 병사 4천여 명을 생포하기도 하였다.

항우가 죽고 나서 유방은 황제가 되었다. 한신이 모반을 꾀하려 했을 때, 번쾌는 한신을 체포하고 초나라 땅을 평정하였다. 한고조 는 공을 세운 번쾌에게 식읍으로 무양(舞陽) 땅을 주었는데, 이때부 터 그를 무양후(舞陽侯)라 불렀다.

한고조는 번쾌에게 자신의 처제인 여수(呂須)를 시집보냈다. 따 라서 두 사람은 동서지간이 된 것이었다. 번쾌는 드디어 좌승상의 자리에까지 올라갔다.

경포가 반란을 일으켰을 때, 한고조는 심한 우울병에 시달렸다. 그는 아무도 만나지 않고 누워 지냈다. 경비병들에게 명령을 내려 아무도 들어오지 못하게 했기 때문에, 신하들은 감히 황제를 만날 수가 없었다. 그렇게 열흘이 지나갔을 때 참다못한 번쾌가 경비병 들을 밀치고 황제의 처소로 들이닥쳤다. 그때서야 다른 대신들도 그의 뒤를 따랐다.

그때 한고조는 환관의 무릎을 베고 누워 있었다. 번쾌는 눈물을 흘리며 다음과 같이 말하였다.

"옛날 폐하께서 저희들과 함께 패현에서 일어나 천하를 평정할 때에는 그 얼마나 혈기가 왕성하였습니까? 지금 천하가 이미 평정 되었는데 어찌하여 그토록 누워만 계십니까? 폐하께서 병으로 누워 계시니 대신들이 몹시 두려워하고 있습니다. 그런데 폐하께서는 저희들과 일을 논의하지 않으시고 어찌하여 홀로 일개 환관만 상대하시다가 운명하려고 하십니까? 아니, 폐하께서는 저 진나라를 파멸시킨 환관 조고의 일을 기억하지 못하십니까?”

그러자 한고조가 웃으며 일어났다.

“그대 같은 천하대장부가 울 때도 다 있구려.”

한고조는 번쾌의 눈물 어린 충정에 감동하여 병상을 털고 일어난 것이었다.

한고조 유방과 번쾌는 서로 동서지간이기는 하지만, 혈연보다 더 뜨거운 정으로 결합된 관계였다. 무엇이 그들을 그처럼 단단한 고리로 묶어주었을까. 그것은 리더의 덕과 부하의 충정이 ‘감동’ 이라는 인간적 믿음으로 맺어질 수 있었기 때문에 가능한 일이었다. 부하의 충정에 감동할 줄 아는 사람이 진정한 리더다.

진정한 친구의 파트너십

유방에게 친구 하후영이 없었다면, 그는 한나라를 천하통일하기 어려웠을 것이다.

유방의 약점을 감싸주고 강점을 드러내도록 해준 하후영이야말로,

오늘날 리더의 파트너십 정신을 그대로 보여주고 있다.

*

아무리 훌륭한 리더라 하더라도 자기 혼자 힘으로 일어서지 못한다. 반드시 그 곁에는 그를 돕는 진정한 친구가 있다. 그러므로 훌륭한 리더가 되려면 친구를 잘 사귀어야 한다. 기업의 조직 체계로 볼 때 리더는 그 밑에 있는 친구와 상하관계지만, 사실 그 두 사람은 사업 파트너라고 할 수 있다. 그 사실을 잊고 친구를 아랫사람으로 보는 리더가 있다면, 그는 진정한 리더의 자격을 갖추었다고 보기 어렵다.

중국 한(漢)나라 때의 사람인 등공 하후영은 패현(沛縣) 출신이다. 유방과는 친구 사이로, 유방이 사수(泗水)의 물가에서 정장(亭長)으로 있을 때 하후영은 패현의 역사(驛舍)에서 일을 하던 하급 관리였다.

하후영은 사신이나 빈객들을 전송하고 빈 수레로 돌아올 때마다 유방을 찾아가 시간 가는 줄 모르고 유쾌하게 떠들며 놀았다.

어느 날 유방은 하후영과 심하게 장난을 하다가 실수로 상대의 얼굴에 상처를 입힌 일이 있었다. 그런데 정작 하후영은 친구의 실수로 그렇게 된 것이기 때문에 가만히 있었는데, 그 주변에 있던 사람이 유방을 관가에 고발하였다.

유방은 정장이었으므로, 사람을 상해(傷害)하면 중죄를 받게 되어 있었다. 당시 관리로서 남을 다치게 하면 일반인들보다 그 죄가 무겁게 적용되었다. 더구나 유방은 도적을 추적하여 포박하는 정장의 직책에 있었기 때문에, 고발이 들어오면 일단 철저한 조사를 거쳐 그 죄과에 따라 중벌을 받았다.

"네가 하후영을 때려 상처를 입힌 게 사실이렷다?"

사건을 담당한 판관(判官)이 물었다.

"아닙니다. 저는 하후영을 때리지 않았습니다."

유방은 이렇게 발뺌을 하였다. 사실 때리려고 한 것이 아니라 장난을 하다 그렇게 된 것이기 때문에 크게 틀린 말이라고 할 수는 없으나, 결과적으로는 거짓말을 한 셈이었다.

판관은 곧 피해자인 하후영을 데려다 물었다.

"유방은 저를 때리지 않았습니다. 이 상처는 저 스스로 실수를 하여 난 것입니다."

하후영은 친구인 유방을 변호하고 나섰다.

"아니 이 녀석들이 누굴 놀리고 있나?"

판관은 화가 머리끝까지 치솟았다. 피해자가 아니라고 하니, 그냥 덮어두고 넘어갈 수도 있는 일이었다. 그러나 판관은 나라의 법을 우습게 아는 자들이라 생각하고 단단히 혼내줄 각오를 하였다.

판관은 하후영을 위증죄로 입건하였으며, 계속 고문을 가하여 진실을 말하도록 강요하였다. 그러나 하후영은 매를 수백 번이나 맞고도 자신의 말을 번복하지 않았다. 거의 1년 동안 감옥살이를 하면서도 그는 친구 유방을 위해 의리를 지켰다. 그래서 유방은 형벌을 받지 않고, 전처럼 정장이란 관리직을 계속 수행할 수 있었다.

그후 세월이 흘렀다. 유방이 자신을 따르던 무리 1백여 명을 이끌고 패현을 공격하고자 했을 때, 하후영은 현의 문서를 관리하는 영사(令史)로 근무하고 있었다. 이때 유방이 패현을 공격하자 하후영은 성 안에서 내응하여 그를 도왔다.

유방이 패현을 공략하고 나서 패공(沛公)에 추대되었을 때, 그는 친구 하후영에게 칠대부(七大夫)의 작위를 주고 마차를 관장하는 장관인 태복(太僕)에 임명하였다.

그후 하후영은 여러 마리의 말이 이끄는 전차 부대의 대장이 되어 많은 공을 세웠다. 또한 그는 태복의 신분으로 패공 유방의 수레를 관장하면서 진나라 장한의 군대를 크게 무찔렀다. 그는 전차를 이용한 속도전으로 전공을 세워 작위와 봉토를 받았으며, 이때부터 등공으로 불리게 되었다.

등공 하후영은 항상 패공의 수레를 직접 몰았다. 유방은 한나라 왕이 되었을 때 초나라 왕 항우와 팽성(彭城)에서 크게 싸웠다. 이때 유방의 군사는 대패하여 쫓기는 몸이 되었는데, 말을 몰던 등공은 도중에 유방의 자녀 효혜(孝惠)와 노원(魯元)을 보고 수레에 태웠다.

그러나 유방은 다급하였다. 아무리 말을 채찍질하여 빨리 달려도 뒤쫓아오는 초나라 군사들의 추격을 따돌릴 방법이 없었다. 그만큼 말은 지쳐 있었고, 수레는 무거웠다.

유방은 다급한 마음에 자신의 자식들을 발로 차서 떨어뜨렸다.

"지금 뭐하는 겁니까? 자식들을 죽일 셈입니까?"

다급한 중에도 등공은 수레를 세워 유방의 두 자식을 다시 태웠다. 그러기를 여러 차례 번복하였다.

자꾸만 유방이 자신의 아이들을 발로 차 떨어드리자, 등공은 아예 그 아이들을 자신의 품안에 안고 말에게 채찍질을 가하였다.

유방은 그런 등공을 보고 성을 내며 칼로 등공을 베어버리려고 하였다. 그러자 이번에는 등공이 채찍 휘두르던 손에 칼을 잡고 유방의 칼을 막아내며 말을 달렸다. 이때 유방이 등공을 향해 칼을 휘두른 것이 열 번도 넘었다.

"이랴! 이랴!"

등공은 소리쳐 말을 호령하고, 한 손으로는 유방의 칼을 막았고, 또 한 손으로는 유방의 자식을 안은 채 정신없이 수레를 몰았다. 그리하여 마침내 탈출에 성공하였으며, 두 아이를 안전한 곳으로 피신시킬 수 있었다.

한나라가 천하통일을 하고 유방이 한고조가 되었을 때도, 등공은 태복의 신분으로 황제의 수레를 끌었다. 여러 번에 걸친 반란이 일어나 한고조가 친정에 나섰을 때 등공은 역시 황제의 수레를 끌고, 속도전을 이용한 전차전을 벌여 큰 공을 세웠다.

한고조가 죽고 혜제가 즉위했을 때도 등공은 태복으로 황제의 수레를 끌었고, 문제 8년에 죽을 때까지도 그는 태복의 임무에 충실하였다. 등공이 죽자 문제는 그에게 문후(文侯)라는 시호를 내렸다. 그리고 그는 여음후(汝陰侯)라 불리게 되었다.

만약 유방에게 친구 하후영이 없었다면, 그는 한나라를 천하통일하기 어려웠을 것이다. 유방의 약점을 감싸주고 강점을 드러내도록 해준 하후영이야말로, 오늘날 리더의 파트너십 정신을 그대로 보여주고 있다.

아무리 훌륭한 리더라 하더라도 약점이 있는 법이다. 그 약점을 커버해 주고, 그것을 오히려 강점으로 바꾸어 빛나도록 해주는 것이 리더의 파트너가 해야 할 일이다. 그러므로 그 곁에 진정한 친구를 둔 사람만이 훌륭한 리더가 될 수 있다.

순간의 결단이 중요하다

전쟁터에서는 장군이 어떤 전략을 쓰느냐도 중요하지만,
어떤 마음가짐으로 싸움에 임하느냐가 더 중요하다.
이때 가장 절실하게 요구되는 것이
군사들의 공격과 후퇴를 결정하는 장군의 결단력이다.

*

아무리 좋은 작전이라 하더라도 예상한 대로 맞아떨어지는 경우는 많지 않다. 항상 모든 일에는 변수라는 것이 있기 때문이다. 능력 있는 리더는 어떤 변수가 생겼을 때 순발력과 기발한 기지를 발휘하여 일을 성공으로 이끈다.

중국 한(漢)나라 때의 명장 곽거병은 위청(衛靑)의 조카로 어린 시절부터 무제의 사랑을 한몸에 받았다. 그는 18세 때 표요교위(剽姚校尉)로 종군, 유격대를 지휘하여 혁혁한 공을 세웠다. 이때의 공로로 어린 나이에 이미 관군후(冠軍侯)에 봉해졌으며, 또 3년 후에는 표기장군(驃騎將軍)에 임명되었다.

이처럼 곽거병이 화려한 출세가도를 달릴 수 있었던 것은 황후의 조카, 즉 황후 언니의 아들이라는 든든한 집안 배경 때문이었다. 그러나 그는 전쟁터에 나갈 때마다 큰 공훈을 세워, 더욱 빨리 출세할 수 있었다. 그는 언제나 정예병만을 뽑아 자신의 군사로 삼았으며, 언제나 선봉장이 되어 흉노군과 교전을 하였기 때문에 본대보다 먼저 적중 깊이 들어가 많은 전과를 올릴 수 있었다.

그런데 젊은 장수 곽거병에 비하면 노장들의 전과는 지극히 미미한 편이었다. 이것이 더욱 무제로 하여금 곽거병을 신임하게 만들었다.

곽거병이 군사 1만을 이끌고 나가 농서에서 흉노군을 대파하고 돌아왔을 때 무제가 말하였다.

"표기장군은 병사를 이끌고 오려산을 넘어 속복 부족을 치고 호노강(狐奴江)을 건너 오왕국(五王國)을 거쳐 엿새 동안 선우의 아들을 잡기 위해 싸웠다. 연지산을 지나 1천 리를 더 전진하여 절란왕(折蘭王)을 죽이고 노호왕(盧胡王)을 베었다. 그리고 흉노의 전군을 짓밟아가며 혼야왕과 그 아들 및 상국과 도위 등을 참수 또는 포로로 삼았다. 뿐만 아니라 휴도왕이 하늘에 제사 지낼 때 사용하는 금상(金像)까지 얻어왔다. 이에 곽거병에게 2천 호를 내리노라."

한편 혼야왕의 군사 수만 명이 곽거병의 군대에 참패당했다는 소식이 흉노의 우두머리 선우에게 전해졌다. 그는 격분한 나머지 혼야왕을 잡아다 주살하려고 하였다.

이에 놀란 혼야왕은 휴도왕과 공모하여 한나라에 투항하려고 했다. 두 사람은 몰래 한나라에 사자를 보내어 항복 의사를 밝혔다.

"혼야왕이 거짓으로 항복하는 체하고 우리가 방심한 틈을 타서 변경을 급습하려고 할지도 모른다."

무제는 표기장군 곽거병으로 하여금 군대를 거느리고 가서 항복한 혼야왕 일행을 맞아들이게 하였다.

그런데 막상 혼야왕이 항복을 하고 나자 그 휘하의 장수들 중에서는 한나라 군대에 투항하지 않으려는 자들이 많았다.

"도망가는 자들은 무조건 베어라!"

곽거병은 흉노군의 항복한 군사들은 받아들이고, 도망치는 군사들은 모조리 베어버렸다.

우선 곽거병은 혼야왕을 무제에게 보낸 후, 혼야왕이 거느리던 군사들을 수습하여 황하를 건넜다. 그때 투항한 흉노의 군사가 수만 명이었다. 그러나 사람들이 그 대부대의 이동을 보고 '10만 군대'라고 일컬었다.

무제는 혼야왕에게 1만 호의 봉지를 주어 탑음후에 봉하였다. 또한 곽거병의 공을 다음과 같이 칭송하였다.

"표기장군 곽거병은 군을 이끌고 흉노를 공격하여 서역의 혼야왕과 그 부하를 모조리 우리 한나라에 귀순시켰다. 군량은 적의 양식을 빼앗아 충당하였으며, 흉노의 활 잘 쏘는 1만의 군사를 편입시켜 군사력을 증강하였다. 포악하고 강한 자는 죽였는데, 수급과 포로를 합쳐 8천여 명에 이르렀다. 그리고 이국의 왕 32명을 항복시켰는데도 우리 한나라 군대에게는 손상이 거의 없었다."

무제는 곽거병에게 1천7백 호를 하사하였다.

곽거병은 젊은 장군이지만 과묵한 편이었다. 어느 날 무제가 다음과 같이 말했다.

"손자와 오자의 병법을 배워보시오."

"폐하! 전쟁은 이론이 아닙니다. 그 순간순간에 어떻게 결단을 내려야 하는가가 문제입니다."

곽거병이 대답하였다.

언젠가 무제가 곽거병에게 화려한 저택을 하사하였다.

"이제 그대가 살 집이니 가서 구경해 보라."

무제의 말에 곽거병이 대답하였다.

"흉노가 망할 때까지는 저택에서 살지 않겠습니다."

곽거병의 말에 무제는 더욱더 그를 신임하게 되었다.

사실 전쟁터에서는 장군이 어떤 전략을 쓰느냐도 중요하지만, 어떤 마음가짐으로 싸움에 임하는냐가 더 중요하다. 적을 잘 알 때는 적절한 전략이 필요하지만, 적을 모르고 전면전을 펼칠 때는 선봉에 선 군사들의 사기에 따라 성패가 가름된다. 이때 가장 절실하게 요구되는 것이 군사들의 공격과 후퇴를 결정하는 장군의 결단력이다.

기업 경영을 하다 보면 리더는 중요한 협상 자리에 자주 앉게 된다. 그 자리에서는 누구와 별도로 상의할 수가 없다. 오직 협상에 임한 자신의 결단력에 의해 일의 성패가 좌우되는 것이다.

훌륭한 부하는 어떻게 다루나

문제를 설득시키는 풍당의 노련한 화술도 놀랍지만,

그 말을 듣고 곧 자신의 잘못을 깨달은 문제도 리더의 덕목을 갖추었다고 할 수 있다.

모름지기 리더는 귀가 커서 부하의 말을 잘 들을 줄 알아야 한다.

✳

**유능한 리더가 되기 위해서는 그 수하에 훌륭한 부하를 두어야
한다.** 부하는 훌륭한데 리더가 뛰어나지 못하다면, 이는 '금'을 가
지고 있으면서 '돌'처럼 사용하는 것이나 마찬가지다. 따라서 훌륭
한 부하를 제대로 다룰 줄 알아야만 유능한 리더가 될 수 있다.

중국 조(趙)나라 출신인 풍당(馮唐)은 한(漢)나라 문제(文帝)를
섬겼다. 그는 중랑서장(中郞署長)이었는데, 나이가 많았다.

어느 날 문제는 풍당과 명장에 관한 이야기를 나누게 되었다.

"조나라 출신이라니 조나라 명장 이제(李齊)에 대해 알겠구
려?"

"네! 조부가 조나라 장수였기 때문에 이제와 친분이 있어 그에
관해 잘 알고 있습니다. 그러나 이제는 염파(廉頗)나 이목(李牧) 장
군만 못합니다."

풍당은 문제에게 염파와 이목이 훌륭한 명장이라는 사실을 설
명하였다.

"아아, 짐은 어찌하여 염파와 이목 같은 명장을 얻지 못하였을
까?"

문제가 한탄을 하였다.

"폐하께서는 염파나 이목 같은 장군을 얻더라도 중히 쓰시지 못
할 것입니다."

풍당의 말에 문제는 화가 났다.

꽤 오랜 시일이 지난 후에도 문제는 풍당의 말이 괘씸하게 생각되었다. 그래서 그를 궁궐로 불러 꾸짖었다.

"그대는 어째서 전날 많은 사람이 있는 가운데 짐을 모욕했는가? 내가 어찌 염파와 이목 같은 장군을 얻더라도 중히 쓰지 못한단 말인가?"

풍당이 사과를 하였다.

"제가 예의를 몰랐습니다. 용서하십시오."

그러자 문제가 노기를 풀고 목소리를 가다듬어 말하였다.

"이제 다시 묻겠소. 그대는 짐이 어째서 염파나 이목 같은 명장을 부리지 못할 것이라고 생각하시오?"

풍당은 자세를 고치고 대답하였다.

"모름지기 장군이 전쟁터에 나갈 때, 군주는 전쟁터에서의 모든 일을 일임하는 것입니다. 그래서 옛날에는 왕자(王者)가 전쟁터로 장군을 내보낼 때 무릎을 꿇고 수레바퀴를 밀어주며 '국내의 일은 과인이 잘 다스릴 테니 나라 바깥일은 장군이 모든 것을 알아서 처리하시오' 하고 말했답니다. 즉 일체의 군공(軍攻)이나 작위 수여나 논공행상도 장군의 결정에 따랐던 것입니다. 그리고 장군은 이겨서 돌아오는 것만을 군주에게 보여주면 되었다고 합니다. 이목이 조나라 장수로 변방에 주둔하였을 때, 주둔지의 조세를 모두 그의 임의대로 사용하여 전사들을 배불리 먹였으며, 상을 내리는 것도 그 자리에서 결정하여 조정의 간섭을 일체 받지 않았습니다. 그래서 이목은 북으로 흉노의 우두머리 선우를 내쫓았으며, 동으로는 동호(東胡)를 공격하여 담림(澹林)을 멸망시키고, 서쪽으로는 강대한 진나라를 누르고, 남쪽으로는 한(韓)과 위(魏)를 묶어버렸습니다."

"들으니, 그것은 참으로 옳은 이야기요."

문제가 고개를 끄덕였다.

"그런데 폐하께서는 최근 운중(雲中) 태수 위상(魏尙)에게 벌을 내리신 일이 있지 않으십니까?"

풍당이 따지듯이 물었다.

"그런 일이 있긴 하지만, 거기에는 합당한 이유가 있었기 때문이오."

"제가 들으니, 위상은 운중의 태수가 되면서 주둔지 조세를 모조리 털어 사졸들에게 먹이고, 자신에게 지급되는 사양전(私養錢)으로 닷새마다 한 번씩 소를 잡아 빈객과 군리(軍吏)와 사인(舍人)들을 대접했다고 합니다. 흉노들이 딱 한 번 쳐들어온 적이 있었으나, 위상은 사기충천한 군사들을 이끌고 나가 적의 목을 부지기수로 베었습니다. 대체로 이들 군사들은 변방의 민간인 자제들로 무식합니다. 하루 종일 분전하여 적의 목을 베거나 포로를 잡으면 그뿐이지, 공적을 크게 따지지 않았습니다. 그런데 공적을 기록하여 군감부(軍監府)로 보낼 때 숫자가 잘 맞지 않는다 하여, 조정에서는 생트집을 잡아 위상에게 법적으로 제재를 가했습니다. 따라서 그 공로에 대한 은상(恩賞)도 취소되었습니다."

"허어, 짐은 그런 자세한 내막을 몰랐구려."

"저의 어리석은 생각으로 볼 때 폐하의 법은 지나치게 밝고, 상은 지나치게 가벼우며, 벌은 지나치게 무겁습니다. 운중의 태수 위

302

상이 전공을 보고할 때 오랑캐의 머리 여섯이 틀린다 하여 폐하께서는 그의 작위를 빼앗았고, 그를 처벌하여 징역을 시켰습니다. 저는 이러한 것을 보고 폐하가 염파나 이목 같은 명장을 얻더라도 부릴 수 없다고 감히 말한 것입니다."

풍당의 말을 다 듣고 난 문제는 크게 놀랐다. 그리고 풍당의 충언을 감사하게 생각하였다.

문제는 즉시 풍당으로 하여금 황제의 부절을 가지고 가서 위상을 사면케 함과 동시에, 다시 그를 운중의 태수로 명하였다. 풍당도 거기도위(車騎都尉)로 명하여 중위(中尉)를 관장케 하였다.

문제를 설득시키는 풍당의 노련한 화술도 놀랍지만, 그 말을 듣고 곧 자신의 잘못을 깨달은 문제도 리더의 덕목을 갖추었다고 할 수 있다. 모름지기 리더는 귀가 커서 부하의 말을 잘 들을 줄 알아야 한다.

싸움이나 전술에 있어서 황제는 장군만 못하지만, 능히 장군을 부린다. 이와 마찬가지로 기업의 리더는 전문적인 기술이나 영업력을 가지고 있지 않지만, 그 전문가들을 부리는 데는 누구보다 뛰어나야 한다.

리더는 사람을 부리는 기술에 뛰어나고, 전문 지식을 가진 부하는 자신만이 알고 있는 분야에 뛰어나다는 것이 그 두 사람의 다른 점이다. 다시 말하면, 리더는 사람을 부리는 전문가인 셈이다.

매듭은 묶은 사람이 푸는 것

전숙

전숙의 지혜는 선악의 구별을 아는 단계를 넘어서 '최선의 방법'을 아는 단계에 가 있다. 어떤 일을 하는 데 있어서 바른 길을 찾는 것도 중요하지만, 그보다는 최선의 방법을 찾아 최대의 효과를 올리는 것이 더 중요할 때도 있다.

흔히 최고의 지위에 있는 사람이 잘못을 저지르면 그 밑에 있는 중견 간부가 나서서 일을 해결한다. 최고의 지위에 있다고 해서 체면상 그렇게 한다. 어떤 때는 아무 죄도 없는 중견 간부가 사건을 무마하기 위해 그 자리에서 물러나기도 한다.

그러나 매듭은, 그것을 묶은 사람이 푸는 것이다. 최고의 지위에 있는 사람의 잘못은, 당사자가 사과를 하고 일을 해결해야 제대로 풀린다.

중국 한(漢)나라 때의 전숙(田叔)은 문제(文帝)와 경제(景帝)를 섬겼다.

한나라 경제 때 양(梁)나라 왕이 스스로 황태제(皇太弟)가 되겠다고 자청하였을 때, 오(吳)나라 재상이었던 원앙은 이를 반대하였다. 그리하여 원앙은 양나라 왕이 보낸 자객에게 칼을 맞고 죽었다.

이러한 사실을 들은 경제는 전숙을 불러 그 사건을 조사하도록 하였다. 전숙은 곧 사건을 자세히 조사하여 경제에게 보고하였다.

"양왕이 자객을 보내 원앙을 죽인 게 사실이오?"

경제는 양나라 왕이 친동생이기 때문에 마음속으로 은근히 사실이 아니기를 바라고 있었다.

"불행한 일이지만 그것은 사실이었습니다."

"어디 그럴 만한 증거라도 있단 말이오?"

경제는 전숙의 말대로 양나라 왕이 원앙을 죽였다면 친동생을 처벌해야 하는데, 그것이 큰 근심거리였던 것이다.

"폐하께서는 양나라 일을 가지고 더 이상 문제삼지 마십시오."

"아니, 어째서 그렇소? 방금 그대는 그 사건이 소문과 같이 사실이라 하지 않았소. 그렇다면 마땅히 죄인을 처벌해야 하는데, 어찌 짐에게 더 이상 문제삼지 말라는 것이오?"

전숙이 말하였다.

"지금 양나라 왕을 주벌하지 않으면, 이것은 한나라의 법이 시행되지 않는다는 것이 될 것입니다. 그리고 만일 법대로 주벌하게 된다면 폐하와 양나라 왕의 모후이신 황태후께서는 음식을 들어도 그 맛을 모르실 것이며, 누워도 잠자리가 편치 않을 것입니다. 또한 폐하 역시 친동생을 잃게 되니, 그 근심이 두 배로 늘어납니다. 이것은 폐하의 심중을 괴롭히는 일이 되어 결국 한나라의 우환이 될까 염려되기 때문입니다. 법은 나라가 바로 서기 위해 있는 것입니다."

전숙의 말을 듣고 경제는 양나라 왕에 대한 죄를 묻지 않기로 하였다.

원앙은 너무 성질이 곧아서 죽었고, 전숙은 여러 가지 사정을 살필 줄 아는 지혜를 가졌기 때문에 살았다.

나중에 경제는 전숙을 노(魯)나라 상국(相國)으로 삼았다.

전숙이 재상이 되어 노나라로 가자, 백성들이 몰려와 다음과 같이 억울함을 호소하였다.

"대왕께서 저희들의 재물을 탈취하였습니다. 승상께서는 그 재산을 돌려받을 수 있도록 해주십시오."

이렇게 호소하는 백성들이 1백여 명이 넘었다.

"그게 사실이라면, 그대들의 재산을 찾아주도록 하겠다."

전숙은 우선 이렇게 말하였다.

그런 후 전숙은 주동자급 20여 명을 색출하여 각각 50대의 곤장을 때리고, 나머지 무리 50여 명을 붙잡아 각각 곤장 20대씩을 쳤다.

"그대들은 대단한 불경죄를 저질렀다. 대왕은 그대들의 주인이 아니더냐? 어찌 감히 자기 주인을 제소할 수 있단 말인가? 내가 그대들에게 곤장을 때린 것은 대왕을 섬길 줄 모르는 데 대한 죄를 물은 것이다. 이제들 돌아가도록 하라."

백성들은 재산을 찾아준다고 하면서 오히려 불경죄를 다스려 곤장을 때린 전숙을 도무지 이해할 수가 없었다. 그러나 그 소문은 곧 노나라 왕의 귀에까지 들어갔다.

노나라 왕은 자신이 백성들의 재물을 탈취한 사실을 매우 부끄럽게 여겼다. 그리고 곧 전숙을 시켜 왕실의 창고에서 쌓아둔 재물을 꺼내어 백성들에게 되돌려주도록 하였다.

"그것은 안 됩니다. 대왕께서 스스로 재물을 탈취하고 나서 정승을 시켜 변상케 한다면, 그것은 대왕이 저지른 악행을 가지고 정승이 백성들에게 선행을 베푸는 것이 되기 때문입니다. 그래서 저는 이 일에 관하여 더 이상 관여하고 싶지 않습니다."

노나라 왕은 전숙의 말을 듣고 더욱 자신을 부끄럽게 생각하였다. '매듭은 묶은 사람이 푸는 것' 이라는 사실을 전숙은 살짝 돌려서 이야기한 것이었다. 그래서 왕은 직접 백성들에게서 빼앗았던 재물을 되돌려주었다.

이러한 사실이 세상에 알려지자 백성들 사이에서 전숙의 명성은 더욱 높아갔다. 노나라 왕도 그를 더욱 신임하게 되었다.

아마 전숙 같은 재상이 없었다면 노나라 왕은 제왕의 자리를 제대로 지키지 못했을 것이다. 전숙의 지혜는 선악의 구별을 아는 단계를 넘어서 '최선의 방법' 을 아는 단계에 가 있다.

어떤 일을 하는 데 있어서 선악을 따져 처벌함으로서 바른 길을 찾는 것도 중요하지만, 그보다는 최선의 방법을 찾아 최대의 효과를 올리는 것이 더 중요할 때도 있다.

전략가의 리더십

초판 인쇄 | 2006년 1월 2일
초판 발행 | 2006년 1월 6일

지은이 | 엄광용
펴낸이 | 박진희
펴낸곳 | 나무의 꿈

등록 | 제10-1812호
주소 | 서울시 마포구 연남동 224-57 2층
전화 | 02) 332-4037~8
팩스 | 02) 332-4031

ISBN 89-91168-12-4 03320